AF495452

La Chanson du Bronze

A. Belval Delahaye

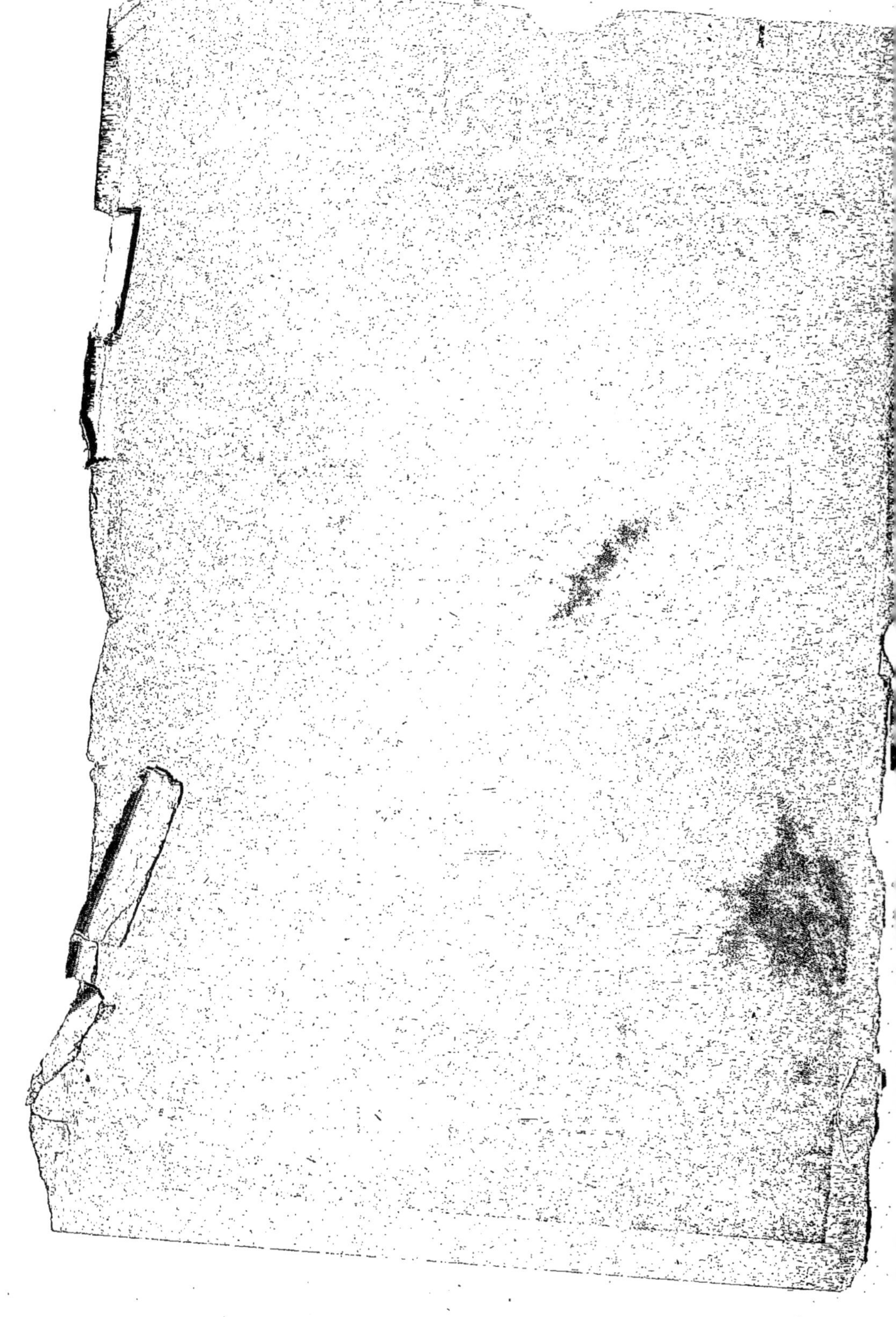

Exemplaire réservé à la Bibliothèque nationale ; en hommage à ses habitués et aux amis des livres.

[illegible]

R.F. BIBLIOTHÈQUE NATIONALE IMPRIMÉS

LA CHANSON DU BRONZE

8° Ye
9980

DU MÊME AUTEUR

La Chanson du bronze, (Poèmes), Couverture et hors texte de Jean Beauduin, chez l'auteur, 14, rue de la Tour-d'Auvergne, Paris (9e) (1908) **3** fr. **50** . . . . *(épuisée)*

La Chanson du bronze, (Poèmes), 2e édition, (1911). Couverture d'Albert Maignan. — Portrait hors texte de Lucien Jonas. — Opinions de la Presse et des Artistes contemporains, Maison d'éditions des "*Loups*" 14, rue de la Tour-d'Auvergne, Paris (9e) . . . . **3** fr. **50**

POUR PARAITRE PROCHAINEMENT

L'Ame barbare, (Poèmes).

Par le fer et par la torche, (Critiques, pamphlets et documents pour servir à l'*Histoire de la littérature contemporaine.)*

La Colère du Lion, Drame révolutionnaire en 5 actes, en vers.

A. BELVAL-DELAHAYE

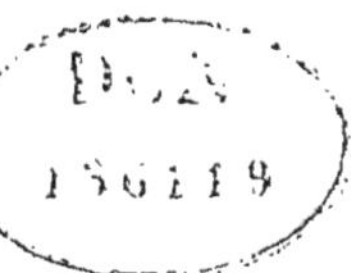

LA CHANSON DU BRONZE

Couverture d'Albert MAIGNAN

Portrait hors-texte au fusain de Lucien JONAS

Maison d'Éditions
des LOUPS
14
Rue de la Tour-d'Auvergne
PARIS (9e)

Eugène REY
LIBRAIRE
8, Boulevard des Italiens, 8
PARIS
Dépositaire Général

2me ÉDITION
1911

A la chère mémoire de mon père, je dédie ce poème liminaire et ce premier livre.

Paris, le 1er janvier 1908.

A. B.-D.

En ce douloureux anniversaire, j'apporte à nouveau ces fleurs épiques sur ta tombe, ces fleurs de rêve et d'orgueil semées par toi et glanées par mes souvenirs au jardin de mon cœur fervent.

In Mémoriam !

La Ferté-Milon, le 9 octobre 1911.

A. B.-D.

L'Ode aux Morts

Je t'apporte, ô mon père! en ces gerbes sonores,
Tout ce que j'ai cueilli dans les jardins du beau,
Les fleurs de ma pensée où s'égoutte l'aurore,
J'apporte tout sur ton tombeau.

Hélas! tu ne liras aucun de mes poèmes,
Car tes yeux, désormais rivés sur l'au delà,
Contemplent l'ombre immense avec ses grands [problèmes
Que jamais rien ne révéla.

Ah! je voudrais pouvoir, du mystère insondable,
Crever le mur d'éther qui cache l'infini,
Et regarder planer les âmes formidables,
Des corps, les grands oiseaux bannis.

Je sens parfois dans l'air de longs battements d'ailes
Qui jettent le frisson de la fièvre en mon sang;

Tu descends, cher esprit?... Pour te voir, mes
N'ont pas d'éclair assez puissant. [prunelles

Pourtant, je te sens là, toute proche et lointaine
Ame désemparée, errante en les cieux froids,
J'entends le froissement d'un long voile qui traîne,
Ma fièvre devient de l'effroi.

Car, de te sentir là, seconde conscience
Qui juge sans appel mes gestes et les faits,
J'ai peur de ne pouvoir, grande voix du silence!
Tenir le serment que j'ai fait.

Mais lorsque je m'approche et regarde en la glace,
Ton ombre m'apparaît: mon haleine obscurcit
Le reflet du cristal, et je trouve, à ta place,
Ton fils qui te ressemble aussi.

Alors, la tête en feu, souffrant de ce mensonge,
Je demande au sommeil et le calme et l'oubli,
Mais tu reviens encor, la nuit, hanter mes songes,
Traînant ton linceul aux longs plis.

Oui, je sens que ton âme est ma grande gardienne
Qui me suit comme un souffle, une ombre en ma
[clarté
Qui chuchote des mots à mon âme païenne,
Et m'insuffle la volonté.

Car je garde en mon cœur tes leçons d'énergie,
Et ta ténacité croissante sous l'effort
Qui renversait l'obstacle, — et, labeur ou magie,
J'ai forcé le secret des morts.

Je suis venu. L'esprit a vaincu la matière,
En enchaînant le corps, laissant la volonté
Libre dans le sommeil; je fus au cimetière,
Un minuit funèbre a tinté.

Père! pour te revoir, j'ai dû sonder le gouffre,
En m'accoudant au bord de l'abîme béant,
Et torturer mon cœur et mon cerveau qui souffrent
De cette tâche de géant.

Mon esprit lentement a soulevé la pierre
Et libéré ton corps du vieux chêne et du plomb,
Dans les cercueils ouverts, en rejetant la terre,
J'ai vu se redresser ton front.

J'ai vu se déchirer lentement le suaire,
Et repoussant la Mort, son linceul et sa loi,
Ta main froide a touché mon front visionnaire,
O père! es-tu content de moi?

Vois, j'ai vêtu l'orgueil d'une claire cuirasse,
Sous le grand étendard ralliant les guerriers,

Je me suis enrôlé, je veux tenir ma place
Parmi les coupeurs de lauriers.

Vois, l'escadron des preux, des paladins du songe,
Tous les croisés de l'Art, les gueux et les errants,
O combien tomberont au désert du mensonge,
Et quels seront les conquérants?

Vois-tu le fier essaim des cavales épiques
Qui défile et qui part au pays du soleil?
Voici la légion, vois scintiller les piques
Chargeant vers l'Orient vermeil.

Je reviendrai, mon père, en chantant la victoire,
T'apporter mon butin et fleurir ton tombeau,
La claire épée au poing, le front casqué de gloire,
A la clarté des grands flambeaux.

O cher mort! toi qui sais le grand secret des choses,
Toi qui vois, désormais, l'avenir au chemin
Du mystère, oh! dis-moi, vois-tu l'apothéose
Dans l'aube rouge de demain?

Demain, le grand soleil auréolant nos têtes
Sera-t-il l'astre d'or du grand jour triomphal,
Ou le Phébus sanglant des matins de défaite
Voilant au ciel son œil fatal?

Quoi, tu gardes aussi le secret des momies!
Cependant, j'avais cru que tant d'amour vibrant
Aurait pu réveiller la matière endormie
Dans le sépulcre du néant.

Ne nous entends-tu pas, mort! dans la terre froide,
Quand nous venons pleurer, ma pauvre mère et moi;
Sur la tombe où tu gis étendu, pâle et roide
Avec la bague d'or au doigt.

Nos pauvres cœurs fêlés sont des urnes humaines,
Les pleurs en sont partis, chassés par la douleur,
Le souvenir a pris, dans nos âmes en peine,
Le vide qu'a fait le malheur.

Mais non, rien... toujours rien... Je n'entends au
[silence
Que mon cœur martelant la fuite des instants,
O pendule! tais-toi, car ton grand bruit, je pense,
Couvre sa voix d'âme... Pourtant,

C'est le calme effrayant de la nuit sur les tombes,
Dans l'ombre hallucinée et pleine de reflets,
Je vois tous les esprits, ces étranges palombes
A la lueur des feux follets.

Mais vous fuyez, oiseaux, emportant vers le gouffre
Tous mes espoirs déçus, et voici qu'apparaît,

Parmi l'ombre sanglante et les vapeurs de soufre,
La gardienne de mon secret.

Une ombre gigantesque, une âme aux ailes blanches
Qui m'apporte le calme en l'urne du sommeil;
Elle chasse la fièvre, et sur mon front se penche,
Et me garde jusqu'au réveil.

J'interroge souvent cette ombre diaphane;
Hiératique alors, elle élève la main
En signe de silence, et le mortel profane
Tordu d'un désir surhumain,

Pantèle, suppliant; alors, ouvrant ses ailes,
Elle fuit emportant mon inspiration,
Je n'ai plus que, tombant des voûtes éternelles,
L'averse d'or des grands rayons.

Blanc fantôme, reviens consoler mes veillées,
Je t'aime, ô ma chère ombre, et n'ai pas peur de toi,
Car je sens bien qu'une âme en pleurs, émerveillée,
Pénètre goutte à goutte en moi.

Dis-moi pourquoi mon cœur, déchiré fibre à fibre,
Saigne encore aujourd'hui des douleurs du passé,
Pourquoi le souvenir, plus vivant, toujours vibre
Au cœur de ton fils délaissé?

Car l'ombre se précise et devient translucide,
Et je te reconnais par delà le trépas;
Qui viendrait visiter ma pauvre chambre vide,
Et me suivre ainsi pas à pas?

Je sens obscurément que se glisse en mon être
Un autre homme, parfois, plus viril et plus fort,
Et je sens bouillonner le sang des vieux ancêtres
Qui depuis bien longtemps sont morts.

Je sens gronder en moi l'atavisme barbare
D'une lignée étrange et rouge de bouchers,
Et l'ombre du sépulcre, où leurs corps sont couchés,
S'emplit de rumeurs qui m'effarent.

Ce sont des hurlements, des appels souterrains,
Cris occultes de voix et rumeurs d'une foule
De damnés au travail et de forçats qui roulent
Des blocs de rocher et d'airain.

C'est tout l'effort humain que doit chanter ma lyre,
Effort de muscles durs que tend la volonté,
Effort vertigineux de cerveaux en délire
Vers l'idéal et la beauté.

O mineurs de la mort! grands travailleurs de l'ombre!
Vos coups ont un écho dans mon cœur douloureux;

Sans doute, vous luttez contre les vers sans nombre,
Contre les rongeurs ténébreux.

Oui, je suis descendu vivant dans votre empire,
La Mort m'ouvrit la trappe où tombent les vivants,
Et le crêpe éternel, où le jour même expire,
Tendait de nuit le ciel mouvant.

Mon esprit a creusé son trou dans les ténèbres,
J'ai sondé l'épaisseur sans découvrir sa loi,
Et j'ai vu s'allumer, sur les parois funèbres,
Des yeux hagards fixés sur moi.

Quand je suis remonté, j'ai compris, dans la brise,
Les mille voix du soir qui chuchotaient, tout bas,
Les mots harmonieux dont l'oreille est surprise;
Or, tout à coup, la Nuit tomba.

Mais la Nuit éthérée, et tiède, et parfumée,
La Nuit au manteau bleu semé de diamants,
Où vos voix d'au delà sont bien les voix aimées
Embaumant d'amour mes tourments.

Oh! je vous comprends bien, habitants fluidiques
De l'infini cristal à jamais reconquis,
Ames des disparus, souffles des êtres qui
Restez la force magnétique.

Car en quittant les corps, dans l'orbe universel,
Vous emportez la vie, et la flamme, et la force,
Car vous êtes la sève, et nous pleurons l'écorce,
Les yeux rivés sur nos missels.

O vous! mes esprits chers qui peuplez l'invisible,
Vous tous qui me parlez et vous penchez sur moi,
Pourquoi rugissez-vous en des mots indicibles
Qui mettent mon cœur en émoi?

Car je sens bien souvent ma plume qui s'affole
Lorsque vous me dictez tant de quatrains sanglants,
Et je sens, à mon front, quelque rouge auréole
Que m'attachent des doigts tremblants.

Pourtant il me faudra le courage d'écrire
Ce que vous me dictez, esprits chers des aïeux,
Pour que je voie enfin le vide me sourire
Par les étoiles de vos yeux.

Car mon âme est la vôtre, et la rose sanglante
Que l'ancestrale Nuit pique en ses cheveux noirs,
Et fidèle à mon sang, je veux, ô fleur vivante,
Répandre ton parfum d'espoir!

Car, fleur suprême éclose au rosier de ma race,
Mon âme plébéienne aux pétales de sang

S'effeuille au vent d'amour, et marquera la trace
Des gueux marchant sus aux puissants.

Oui! pour vous, Disparus, je veux payer la dîme
A l'idéal, à la beauté, que leurs rayons
S'arrêtent quelquefois au cristal de mes rimes:
Ecoutez ces beaux carillons!

Oui! je veux, simplement, pour l'art et pour la gloire,
Graver mon nom, le vôtre, au plus profond du roc;
Et je veux claironner, comme aux matins d'histoire
Sur un fumier d'aurore, un coq.

Père! n'entends-tu pas, dans ta nuit sépulcrale,
Après le chant du coq éveillant l'univers,
Hurler les voix d'airain des vieilles cathédrales
Au tocsin rouge de mes vers?

La Ferté-Milon.

A la Gloire de l'Aisne

Le soleil traîne ici sa chape au vieil orfroi
Qui drape, sur le sol, quelque antique cuirasse;
Et l'histoire opposa, dans le cœur de ma race,
A l'orgueil du donjon la fierté du beffroi.

Or, le vainqueur d'hier a pris le palefroi
Du seigneur, et l'attelle à son soc qui déplace
La cendre des aïeux, plaine fertile et grasse
Où les blés, vers le soir, semblent frémir d'effroi.

Artois et Picardie, et Valois et Champagne
Ont laissé leurs grands fers épars sur le terrain
Et leurs lourds boucliers dans l'herbe des campagnes.

Et pour la Gloire et l'Art, si je grave en l'airain
Ton nom, ô beau pays de ma Muse hautaine,
C'est que j'ai pour aînés Racine et La Fontaine.

La Ferté-Milon.

Le Lapidaire

A la Mémoire de Sully Prudhomme.

Des chers lieux de jadis, du vieux pays natal,
Je partis tout enfant, ivre d'amour encore,
Et, chemineau de l'art, le Rêve que j'adore
M'entraîna, fasciné, par l'infini cristal.

J'atteignis les confins du monde oriental,
Et frappai, vers le jour, aux forges de l'aurore;
Dieu, posant son marteau sur l'enclume sonore,
Vint m'ouvrir: « Que veux-tu? », dit-il, presque
[brutal.

— « Je suis un apprenti, petit limeur de rimes,
Je ne veux que tailler les diamants sublimes
Que ton soir sertit d'or au front pur de la Nuit. »

Il me remit alors un tablier de toile,
M'apprit à me servir de la lime, sans bruit,
Et, depuis ce jour-là, je suis tailleur d'étoiles.

Terre Natale

A Jean Ott.

O petite patrie! ô pays de Racine!
Vallon aux prés herbeux, bosquets pleins d'aubépines
Que le Printemps charmeur remplit de gazouillis;
Vieux bourg! je t'aime ainsi dans le jour qui décline,
Quand monte, vers le ciel, l'encens de tes chaumines;
Je sens bondir mon cœur en parlant du pays.

C'est la Ferté-Milon, un coin perdu de l'Aisne
Où la brise du soir jette sa tendre haleine;
Des coteaux verdoyants chargés d'arbres en fleurs,
Un val silencieux qui s'emplit de vapeurs
Lorsque le jour s'éteint dans le lointain mystère.
C'est petit, et pourtant c'est là toute ma terre,
Mon berceau, mon pays, le coin où je suis né,
La forêt et les champs où mon rêve a traîné.
Voici le vieux manoir, la tour démantelée
Dont l'ombre, au crépuscule, emplissant la vallée,

Allonge au fil de l'eau son profil menaçant,
A l'heure où le moulin semble battre du sang.
La campagne s'endort, bercée en des murmures
De ruisselets confus, jasant sous les ramures;
C'est l'heure où lentement reviennent les troupeaux,
Où les frissons du soir soufflent, dans les pipeaux,
La chanson de la brise, alors que recommence
Le corps à corps de l'ombre et des phosphorescences.

Voici s'éparpiller au loin, par le ciel bleu,
La plainte des clochers sonnant le couvre-feu.
Et mon rêve, tel Christ qui réveilla Lazare,
Fait revivre, à la nuit, le défilé bizarre
Des hauts barons d'antan sur leurs fiers palefrois
Qui, pendant tout le jour, ayant semé l'effroi,
Regagnaient le castel dès la brume tombée.
Or, les derniers rayons de soleil, par flambées,
Allument, d'or éteint, les cuirasses de fer
Des guerriers d'autrefois qui viennent de l'Enfer
Où l'on faisait croisade. Et, dans le soir en flammes,
Je vois claquer au vent les longues oriflammes;
Puis le clair tourbillon s'engouffre et disparaît
Sous le noir pont-levis qui se relève après.
Puis, voici qu'à présent vient de tomber la herse;
Alors, devant mes yeux que l'illusion berce,
Le vieux manoir s'éveille et se peuple d'esprits;
La Tour du roi s'allume, et les chauves-souris

Jetant, pour un instant, leurs noirs manteaux funèbres,
Les âmes des guerriers, sortant de la ténèbre,
Réintègrent les corps que le temps a dissous.
Les chevaliers sont là, tout le monde est debout,
Une cloche a sonné jetant à tous l'alarme,
Chacun est à son poste, et voici la gent d'armes,
Car on entend, dans l'ombre, un cliquetis d'acier
Qui fait hennir, au loin, tous les fougueux coursiers.
Voici les boucliers masquant les catapultes,
Les réservoirs de fer que les varlets culbutent,
Versant le plomb fondu, parfois la poix qui bout,
Par les monstres sculptés, les gueulards de l'égout.
Tout est là, tout renaît, tout revit et tout marche;
Voici le vieux seigneur, le grand preux patriarche,
Le chêne légendaire et respecté des ans;
Avec sa barbe en fleuve et ses cheveux tout blancs
Qui flottent, dans le vent, ainsi qu'une crinière,
On dirait un lion sorti de sa tanière.
Sur le ciel, ce profil de fantôme géant
Dit assez le seigneur qu'était Milon-le-Grand.

O nobles chevaliers d'antiques épopées!
Fiers aïeux maniant à deux mains les épées!
Nous, vos bardes fervents, fils de vos troubadours,
Souvent nous évoquons, vers la chute du jour,
Vos gestes, vos exploits grandis par la légende.
Et poète rêvant, parfois je me demande

Si le souffle inconnu qui passe dans mes vers
N'est pas la force étrange, éparse en l'univers,
Que vos corps, terrassés par les luttes antiques,
Ont laissé s'échapper. Car mon âme gothique
Est fille de la vôtre, et prend ton bouclier,
O race des grands preux et des fiers Templiers!

J'ai là, devant les yeux, depuis ma tendre enfance,
Ce castel féodal, symbole de puissance,
D'orgueil et de vouloir, qui, des siècles vainqueur,
Reste l'ancêtre aimé, suzerain de mon cœur.
Et l'amas de granit de ses murailles grises
A laissé, dans mes yeux, l'image et la hantise
D'un passé plein de bruits d'armures, de grands chocs
De glaives. Mais hélas! désormais seuls, les socs,
Heurtant de leur acier les pavés de la rue,
Ferraillent, dans le soir, quand rentrent les charrues.
Mais, dès que la nuit bleue allume ses flambeaux,
On voit le ciel s'emplir du vol des noirs corbeaux
Qui regagnent leurs nids au fond des meurtrières.
Corbeaux! n'êtes-vous pas les âmes familières
Des anciens habitants de ces murs désertés?
Car, féroces comme eux, pillards, vous dévastez
La campagne féconde, et prélevez la dîme
Sur les semailles d'or que le soleil sublime
Fait germer et mûrir, pour que le moissonneur
Donne au peuple du pain et l'aumône au glaneur.

Vallon, plaines, grands bois, ô terre maternelle,
O puissante nourrice aux robustes mamelles,
J'ai puisé dans ton sein l'amour et la fierté,
Et le verbe fougueux de mon art exalté.
Pour la beauté, déjà, tu donnas en exemple
Le meilleur de tes fils, dont l'œuvre est comme un
Colossal de clarté, d'harmonie et d'airain, [temple
Jean Racine, immortel poète souverain.
David, ce Phidias, l'a dressé sur son socle,
A drapé, sur son cœur, le manteau de Sophocle
Dont il ressuscita la tournure et l'esprit.
O Racine de marbre, hélas! tes yeux épris
D'un rêve musculeux où les formes tragiques,
Majestueusement, descendaient des portiques...
Hélas! tes bons grands yeux, dans le marbre figés,
Regardent désormais le touriste étranger
Qui, sans son Bædecker, ne sait te reconnaître,
Toi qui portas si haut le nom français, ô Maître!
O quelle apothéose à ta simplicité,
Ce simple monument parant la pauvreté
De la vieille mairie au milieu de la ville.
Ne sais-tu pas les noms de nos bons vieux édiles?
Combien en as-tu vu passer qui ne sont plus,
Qui te connaissaient bien sans t'avoir jamais lu?
Plus loin, voici le Mail, où l'on entend l'écluse,
Dont j'écoutais, enfant, la grande voix confuse
Qui, dans les soirs d'hiver, me donnait des frissons.

O ma vieille cité, je connais tes chansons
Et tous les moindres bruits du jour comme de l'heure.
Ah! je n'ai pas trouvé l'existence meilleure
Loin de toi. J'ai souffert de la faim. J'ai connu
La misère, hélas! Mais, quand je suis revenu,
J'ai retrempé mon cœur meurtri par la souffrance
En ton air vigoureux; j'ai senti l'espérance [sol,
Qui gonflait mes poumons, rien qu'en touchant ton
Mais, tel l'ingrat oiseau, je reprenais mon vol.

O je t'aime! je t'aime, ô ma terre bénie!
Tes flancs ont enfanté la gloire et le génie!

Puis voici les marais, le chemin de halage
En long serpent tout blanc s'accrochant au rivage
De l'Ourcq, ce canal morne et comme désœuvré.
Je n'ai vu nulle part de couchants plus cuivrés,
A l'heure où les titans tisonnent dans la forge
Du soleil qui s'éteint. Pays des rouges-gorges
Et des martins-pêcheurs et des gros moineaux francs,
Sous les pieds des chevaux, pillant et picorant.

. . . .

Les pans de murs brisés, les tours des vieilles portes,
Les ruines sont là, qui virent la cohorte
Des paysans armés pour défendre leurs droits
Contre le capital, le seigneur ou le roi.

Mais, dans ce bon pays, les gens, les cœurs sont
[calmes ;
Dans les soirs de printemps, les arbres ont des
Essaimant des parfums d'acacias, de tilleuls. [palmes
Les vieux pignons blanchis, comme de grands aïeuls,
Penchent, au tain des eaux, leurs visages séniles,
Effrités, vermoulus, lézardés et débiles ;
Visages désolés en toutes les saisons,
Car, par les trous, ont fui les âmes des maisons.

O le calme parfait de ces douces soirées,
Quand la campagne dort, et que les eaux moirées
Détendent, dans le soir, leurs rides de cristal.
O soirs de mon enfance au cher pays natal,
Comme vous êtes loin ! O figures vieillies,
Têtes de disparus, sur l'estampe, pâlies,
Venez toutes ce soir dans mon cher souvenir.
Ah ! que vos doigts tremblants viennent ici, bénir
Cette page d'amour où le sang du poète
Coule en flots d'harmonie. Oh ! dites qui vous êtes...
Je ne vous connais plus..., je ne sais plus vos noms...,
Tous vos traits sont changés, et pourtant... pourtant,
O têtes d'amis chers, ô tendres fleurs glanées, [non,
Feuilles qui tournoyez sur le champ des années,
Tous vous aviez un corps, pauvres spectres défunts !
O papillons du soir embués de parfums,
Thuriféraires qui venez heurter ma lampe,

Tous vos noms de jadis viennent battre mes tempes.
Vos rires sont les flots dont ma tête est l'écueil;
Je me souviens!... Jadis, accroupis sur les seuils,
Vos rires gras et francs montaient en cascatelles
Dans les soirs parfumés, ô rires en dentelles!
Tous vos bons yeux sont clos, sourires d'autrefois!
J'entends tout mon passé, tant de voix à la fois
Viennent troubler ainsi mon cœur et mon oreille,
Au rucher du cerveau s'entassent tant d'abeilles,
De souvenirs d'hier perdus dans l'imprécis,
Qu'il me faut renoncer à les grouper ici.

Je veux dire pourtant, ô ma cité natale,
Ta rustique beauté qui, dans mes yeux, étale
Ce poème d'amour que mon cœur effeuilla.
Notre-Dame qui parle au vieux Saint-Nicolas,
Tes deux clochers jaseurs qui groupent, dans leurs
[ombres,
Six cents feux de maisons dardant, dans la nuit
[sombre,
Leurs yeux vivants, voilés, clignotants, angoissés,
Qui semblent, dans le soir, veiller des trépassés,
Quand pleurent, dans le vent, les cloches des églises
Qui sonnent l'angélus ou le glas des nuits grises.

Mais j'ai l'obsession des toits moussus, rongés,
Avec leurs faîtes blancs, dévalant, mal rangés

Dans la pente; on croirait la mâchoire édentée
De quelque ville morte, au bord des eaux, hantée,
S'enveloppant, le soir, d'un ténébreux manteau
De silence. On entend, parfois, quelque marteau
Frappant, au bout du bourg, une porte cochère,
Et l'aboîment d'un chien met aussitôt l'enchère
Aux grands échos lointains qu'allonge encor la nuit.
Dix heures. Tout s'éteint: les lumières, les bruits;
La vieille cité dort. Alors, dans la nuit bleue,
Autour du vieux château que l'on voit d'une lieue,
Autour des hauts clochers, l'ombre donne l'assaut.
C'est l'engloutissement; par degrés, par morceaux,
Les ténèbres ont pris les maisons une à une;
Et, sur l'océan noir, les toits, baignés de lune,
Semblent les boucliers de chevaliers félons
Qui montent à la charge au manoir de Milon.

Tocsin d'Art

A Émile Blémont.

Mon âme était la tour de quelque cathédrale,
Fleur gothique en l'orgueil des siècles de beauté.
Des chimères d'airain et des monstres sculptés
Grouillaient dans le granit de l'ébauche ancestrale.

Mais vint l'heure sanglante; aux cris de: « Liberté! »
Aux sourds appels du bronze à la voix sépulcrale,
Les gueux se sont rués, par une nuit spectrale,
Sur les trésors promis à leur cupidité.

Or, tel un des truands, sortant de l'ombre noire,
Pour les désespérés, les affamés de gloire,
Quasimodo de l'Art, je sonne le tocsin.

Car mon cœur est la cloche éperdue et vibrante
Qu'ébranlent la Misère et le Doute assassin.
Mon âme est le beffroi de quelque ville ardente.

Regrets

Avoir vingt ans, ma mie, et se mourir d'amour,
Lorsque la tendre fleur n'est pas encore éclose,
Quand le papillon bleu balbutie à la rose
Des serments éternels qui ne durent qu'un jour;

Quand le Printemps sourit à la folle jeunesse,
Lui donnant ses beaux jours et ses matins en fleurs,
Quand le lilas embaume et jette ses senteurs,
Ses captieux parfums invitant à l'ivresse;

Lorsque la blonde aurore, à son amant royal,
Redit des mots si doux qu'on les entend à peine,
Quand un zéphyr d'amour fait frissonner la plaine
Par ses joyeux propos dans le vent matinal;

Quand au soir des senteurs se glissent sous les
[branches,

Et dans les cœurs fervents font germer le désir,
Quand les muguets, poussés pour votre seul plaisir,
Eclosent dans l'argent de leurs corolles blanches;

Quand sous la lune pâle aux rayons plus troublants,
Les cerfs, parmi les bois, vont poursuivant les biches,
Et parmi les halliers, les bruyères en friches,
Echangent, dans la nuit, l'aveu de cœurs tremblants;

Quand tout rit sous le ciel, dans l'aube de lumières
De rubis, de rosée et de grisants parfums,
Quand l'aurore d'amour, des calices défunts,
Rallume les lis d'or et les roses trémières;

Quand tout est bonheur, joie, en l'enivrant réveil
D'un printemps nouveau-né chassant les jours [moroses,
Il me faut renoncer aux plus exquises choses,
Si vos yeux de pervenche éteignent leur soleil.

Poète, je dirai que les baisers sont leurres,
Que mensonge est l'amour, que le divin frisson
Est une erreur de l'âme ignorant la chanson
Du Temps, ce balancier de l'horloge des heures.

Montmorency.

L'Oubli

A Elle.

L'Océan a son flux, le cœur a ses marées;
Quand l'orage se tait, le ciel redevient bleu;
Les fantômes s'en vont quand l'Orient prend feu,
Le temps berce d'oubli les âmes éplorées.

Le Printemps amoureux ressuscite les nids;
Les fleurs vont repousser sur leurs sœurs qui sont
[mortes;
Chassant du souvenir les lointaines cohortes,
Le cœur las se reprend aux rêves infinis.

Dès que Mai resplendit avec ses auréoles
De roses, de parfums, d'oiseaux et de chansons,
Le cœur, fût-il blessé, s'ouvre aux nouveaux frissons;
Aux ronces des halliers poussent d'autres corolles.

Fleurs mystiques d'oubli qui cachez un tombeau,
Vous redirez au Mort les vers de mon poème:
Le Printemps qui renaît ordonne que l'on aime,
Qu'on cueille d'autres fleurs pour un amour nouveau.

Ville-d'Avray.

Je
Le
Et
J'

L'
D
Q
Fc

Er
M
El

Je
Et
Je

Veillée d'Armes

Au peintre Jean Beaudain.

Je revêtis la cotte et la lourde cuirasse,
Le gantelet d'argent prolongeant le brassard,
Et fixant soleret et jambière et cuissard,
J'ai pris le glaive où luit tout l'orgueil de ma race.

L'Amour vint m'attacher ses brûlants éperons,
Désirs d'or et d'acier où du soleil s'allume,
Qu'un orfèvre salace, au labeur de l'enclume,
Forgea pendant dix ans pour passer l'Achéron.

En priant, j'attendis ; l'astre dormait encore,
Mais bientôt mon parrain apparut, radieux,
Elevant dans la nuit mon bouclier d'aurore.

Je reçus, au départ, l'accolade des Dieux,
Et d'un saut, bondissant sur ma folle chimère,
Je partis au galop à travers la carrière.

Frôlements d'Ames

A Albert Acremant.

Dans le grand parc profond qui s'emplit de mystère,
Le jour blessé se meurt du silence des nids;
Les astres, clignotant dans les cieux infinis,
Semblent des yeux en pleurs qui regardent la terre.

Et je songe aux flambeaux à tout jamais éteints,
Aux bons yeux dont la Mort a fermé les paupières,
A vous, les Disparus, qui dormez sous la pierre,
En l'éternelle nuit, désormais sans matin.

Je songe que peut-être, en le doux crépuscule,
Les âmes, dont vos corps vibraient tant autrefois,
Reviennent au jardin ou rôdent par les bois
Remplis des souvenirs d'un passé qui recule.

Je vous entends marcher en ouatant vos pas,
Du silence inquiet des bois au clair de lune,

Et je vous sens passer, formes, dans l'ombre brune,
Qui donnez à la nuit la langueur du trépas.

Votre venue émeut jusqu'au frisson les feuilles;
Les fleurs, avec respect, courbent leurs fronts lassés;
Les rosiers et les lis, aux massifs affaissés,
Disent votre passage... Alors, je me recueille.

Je crois vous voir venir lorsque descend la nuit,
O vous, les revenants du soir, les chères âmes
Qui flamboyaient hier dans des yeux pleins de
[flammes,
Vous, les désincarnés peuplant l'ombre aujourd'hui.

Je vous vois, chers esprits, malgré les sombres voiles
Qui cachent à nos yeux vos faces de douleurs,
Quand tombent, sur les fronts, les feuilles et les fleurs,
Les pleurs des Disparus, les larmes des étoiles.

* *
*

C'est Mai, c'est le Printemps, commencements sans
[fins,
C'est le soir parfumé, plein d'extases mystiques,
Et les bois reverdis entr'ouvrent leurs portiques
Sous l'invisible effort d'étranges séraphins.

Tout frissonne et se tait, tout murmure et soupire:
Un angélus lointain s'égrène dans le vent,
Pleurs de bronze perdus de quelque vieux couvent,
Apportés par la brise et mourants sur ma lyre.

Et mon cœur s'ouvre au songe, et l'oreille en émoi
Croit vous entendre enfin, cordes supérieures;
Sous un doigté divin, les voix intérieures
Rythment, dans le silence, un poème de foi.

Assis sur un vieux banc, lorsque le jour s'achève,
Je méditais, un soir, Sainte-Beuve ou Musset,
« Le poète mort jeune »; un sylvain qui passait
S'arrêta, déroulant tout l'écheveau du rêve.

— « Passant au front lassé, mon âme est le parfum
Qui flotte en tes quatrains, discret comme un arome,
Je viens de l'au delà, je suis ombre et fantôme,
Et ta chimère d'or est celle d'un défunt.

« J'ai parcouru, jadis, la route de la Gloire,
Et cueilli des lauriers sur les âpres sommets,
Mais combien sont tombés, inconnus à jamais,
Jonchant le sol barbare au désert de l'histoire.

« La caravane allait, abandonnant les morts.
Les derniers arrivés de la horde incertaine

Reprenaient leurs flambeaux pour la course lointaine,
Et suivaient, fascinés, les vaillants et les forts.

« Ah! les soirs au désert, les feux crépusculaires,
Les mirages là-bas, vers l'horizon vermeil...
A nos yeux éblouis, encor pleins de soleil,
L'oasis s'estompait sous les clartés lunaires.

« En marche! et tous debout, rallumant les flambeaux
Aux brasiers du bivac, tous reprenaient la route,
Et ces flammes, la nuit, rejetaient en déroute,
Les fauves affamés qui flairaient des tombeaux. »

O vous, nobles martyrs, ô chasseurs de chimères,
Soldats de la pensée et pâles forgerons,
Visionnaires d'art, poètes aux grands fronts,
Qui rêvez de Hugo, de Shakespeare et d'Homère;

Vous qui voulez partir, voyez donc le péril:
Le Désert veut du sang, c'est votre Minotaure;
L'oasis de la Gloire est si loin vers l'aurore!
— Le rêve est la patrie et la terre est l'exil...

Marnes-la-Coquette.

Métempsycose

A Pierre Loti.

J'ai dû, voilà longtemps, sur les quais de Byzance,
Où le soleil étale un manteau d'Arlequin,
Promener mon ennui, mes rêves d'indolence,
Au rythme lourd, berceur, de quelque palanquin.

Mon âme était alors en un beau corps de femme,
Hétaïre ou sultane, aux robes de drap d'or
Et de brocart, donnant, aux portefaix infâmes,
L'amour qu'elle vendait aux armateurs du port.

J'ai vu venir à moi les longues caravanes
Apportant, pour combler mes vœux de courtisane,
Les tapis de soleil et les bijoux ardents.

Et je sens, dans mon cœur, rouge flambeau bizarre,
Monter le grand soleil de l'Orient barbare
Que voile, dans mes yeux, le ciel gris d'Occident.

L'Ode des Conquérants de l'Art

A Adolphe Lacuzon.

Le soir tombe, la Nuit voilée
Met ses bijoux, ses diamants.
Nous sommes toujours tes amants,
Nuit étoilée!

Nous sommes les fous, les rimeurs,
Les gueux, les rapins, les bohèmes,
Assoiffés de ciel, de poèmes
Et de rumeurs.

Nous sommes les errants, les tristes,
Les chemineaux et les maudits
Chassés des humains paradis,
Nous, les artistes.

Nous rôdons par les carrefours;
Nous préférons, à la fortune,

La basilique, au clair de lune,
Avec ses tours.

Nous voulons, quand l'averse mouille,
Saisir cette étoile qui luit
Dans le ruisselet qui s'enfuit
A la gargouille.

Nous sommes les buveurs d'azur,
Titubant d'amour et de rêve;
Naufragés nageant vers la grève
Sous le ciel pur.

Voici Montmartre qui s'embrase:
Aux yeux des noceurs ébaubis,
La Nuit s'étoile de rubis,
Et le vent jase.

Nous sommes les bons forgerons
Rivant la rime sur l'enclume,
De la pensée et de la plume
Les tâcherons.

Nous savons la faim, la misère,
Nos cœurs, creusets en fusion,
S'alimentent d'illusions
Et de chimères.

Nous sommes les fiers descendants
Des ferrailleurs, des mousquetaires,
Nous, les chevaliers du mystère,
Au rêve ardent.

Et nous portons de larges feutres,
Mettant le panache en nos vers;
Nous pourfendons, par le travers,
Félons et pleutres.

Nous, les purs, nous pourchasserons
Tous les écrivains équivoques;
Pour les révoltés d'une époque,
Sonnez, clairons!

Que les accents de vos fanfares,
Ebranlant tous les grands échos,
Fassent s'écrouler Jéricho;
Qu'on s'en empare!

Nous sommes tous prêts pour l'assaut;
Pitres, déposez vos cuirasses,
Et vous, les intrigants de race,
Fourbes et sots,

Efféminés, auteurs bellâtres,
Et vous tous, les jeunes vieillards

4

Encombrant le livre, les arts
Et le théâtre;

Vous, les exploiteurs tout-puissants,
Vous, les vautours de la peinture,
Les Crésus marchands de sculpture,
Buveurs de sang!

Nos plumes, ces fers de Tolède,
Pour les sans-talent arrivés,
Sont sans quartier; ah! vous pouvez
Crier à l'aide.

Voici venir, la torche au poing,
Les gueux de la littérature,
Bas le masque, ô toi, Forfaiture!
Regarde au loin.

Vois-tu luire, parmi les flammes,
L'éclair des glaives scintillants,
Et, dans les grands yeux flamboyants,
Le feu des âmes?

D'iniquités, nous sommes las,
A bas les veaux d'or et les bonzes,
Ecoutez la chanson du bronze
Clamer vos glas.

Car voici le tocsin qui sonne
Couvrant les voix de ses clameurs,
Et, dans ce beau jour qui se meurt,
L'airain qui tonne.

Les puissants capituleront
Dans le donjon du privilège;
Nous, les gueux, en ferons le siège,
Nous attendrons!

Il faudra nous céder, Vieillesse!
Et renoncer à tes orgueils;
Nous préparons ton grand cercueil,
Nous, la Jeunesse.

Ecoutez aussi, les aînés,
Jaloux qui nous fermez les portes,
Ces cris monter de la cohorte
Des cœurs damnés.

Ecoutez donc le choc des glaives
Frappant sur nos lourds boucliers,
Entendez-vous l'hymne guerrier
De tous nos rêves?

Mais vous êtes sourds à nos voix,
Vous riez de notre détresse,

La force a trop de maladresse
Contre vos droits.

De gloire encor vous êtes ivres,
Repus de succès, triomphants,
Vous voulez que, des olifants,
Sonnent les cuivres.

Mais le souffle vous fait défaut,
Car l'asthme a rongé vos poitrines;
La Mort, dans le jour qui décline,
Rebat sa faux.

Vous voudriez toujours, encore,
Autour de vos grands noms, du bruit;
Cheveux blancs! vous êtes la nuit,
C'est nous, l'aurore!

Voici les conquérants de l'art
Dont les casques luisent dans l'ombre;
Or, l'astre a chassé la nuit sombre
Et le brouillard.

Et nos montures débridées
Chargent dans le matin vermeil:
« En avant! les fils du Soleil!
Gloire à l'Idée! »

Hélas! ô grands vainqueurs d'hier,
Voici la nouvelle poussée,
Les conquérants de la pensée,
Jeunes et fiers.

O vous, les laboureurs superbes
Ayant tracé votre sillon,
Faucheurs de gloire et de rayons,
Semeurs de verbes!

Vous devriez aimer nos chants,
Nos rêves qui furent les vôtres,
Et guider les jeunes apôtres,
Soleils couchants!

Tu serais plus grande, ô Vieillesse,
Si tes couronnés de lauriers
Laissaient la selle et l'étrier
A la jeunesse.

Et si le passé triomphant
Aidait l'avenir qui s'éveille,
Si le vieillard qui s'ensommeille
Guidait l'enfant.

Mais c'est l'orgueil inexorable
Qui vous fait claironner, vieux coqs!

Vos bras ne guident plus les socs,
O vénérables!

Reposez-vous de vos labeurs
En regardant frémir la plaine;
Avares! votre grange est pleine
D'or et d'honneurs.

Restez grands, bardes d'une race;
Place aux jeunes, vos apprentis!
A nous la terre et les outils!
Et, sur vos traces,

Reprenant vos grands socs vermeils,
Nous continuerons, dans l'histoire,
Vos sillons fumant vers la gloire
Et le soleil.

Rose Fanée

A Jules Roques.

Plus blanche qu'un beau lis, plus fraîche qu'un sourire,
La rose, le front haut, d'un petit air mutin,
Entr'ouvrait sa corolle, à l'heure du matin
Où l'étoile se meurt, où la brise soupire.

Le chenillon passait; or, l'immonde satyre
Grimpa sur le rosier, monstrueux libertin,
Ouvrit et déchira le corset de satin,
Souillant de ses baisers la vierge, en son délire.

Puis, blasé du festin, enfin repu d'amour,
Comme vers l'Orient allait venir le jour,
Il s'enfuit quand l'aurore entre-bâilla sa porte.

Quand tinta l'angélus, tristement, vers le soir,
Et que le jour défunt alluma l'encensoir,
Les fleurs étaient en deuil car la reine était morte.

Châtenay.

Printemps

A Gustave Charpentier.

L'Amour, maître puissant, distille des parfums,
Donne au Printemps des fleurs, des oiseaux et des
[roses,
Entr'ouvre aux baisers fous les lèvres presque closes,
Et réveille en mon cœur tous les désirs défunts.

Lorsque, dans les bourgeons, il projette la sève,
Au brasier de l'aurore allumant son flambeau,
Il jette dans le sang l'ardeur du renouveau,
Donne la grâce aux fleurs, au poète le rêve.

Il met dans le zéphyr, pour embaumer les airs,
Les effluves du soir, les ivresses nouvelles;
Dans les yeux des amants il met des étincelles,
L'embryon du désir qui tenaille les chairs.

Puis dans les bois en fleurs, sous les vertes ramées,

Il fait pousser la mousse et chanter les grillons,
Germer les grains de blé dans le fond des sillons,
Et met du carmin vif aux lèvres bien-aimées.

Chantez, merles bavards! sifflez, joyeux bouvreuils!
Redis, gai rossignol, tes trilles à la lune;
Et toi, jalouse Nuit, ma créole est plus brune;
J'ai bu l'amour grisant, mon cœur n'est plus en deuil.

Et toi, joyeux Printemps, saison du doux poème
Qui fais battre nos cœurs, et qui mets la clarté
Dans les diamants noirs embrasant sa beauté:
Je te chante, Printemps! Printemps d'amour, je
[t'aime!

La Côte d'Argent.

Sonnet pour Elle

Comme un volcan qui bout, mon cœur en fusion
Embrase tout le sang qui bouillonne en mes veines,
Et, cratère brûlant, où fond mon âme en peine,
Reflète, en mon regard, d'étranges visions.

Comme le flot amer où se mire un rayon,
Quand la brise du soir, dans les voiles lointaines,
Annonce aux bons pêcheurs les escales prochaines,
Mon cœur est incertain, tumultueux sillon.

Mon âme de rêveur est rebelle à la sonde;
Hélas! pauvre mignonne, elle est aussi profonde
Que la mer qui bruit, que le ciel de clarté...

Grave en mon cœur ton nom, aux lettres de tes charmes,
Que le style d'amour y marque ta beauté.
Rien ne l'effacera, ni le temps, ni les larmes.

Boulogne-sur-Mer.

Voix du Soir

A Edmond Haraucourt.

Sur les confins du monde, au seuil de dix-huit
[siècles,
Les ruines sont là, dans les splendeurs du soir,
Dressant leurs vieux piliers et leurs gradins en cercles
Où la foule venait s'asseoir.

L'homme se sent petit dans cette immense arène ;
Le poète, devant ces granits éboulés,
Entrevoit Babylone, et Carthage et Cyrène,
Eblouissements écroulés.

Rien. Le calme profond. Le ciel s'emplit d'étoiles,
L'arène de mystère et de pâles rayons ;
A l'heure où la nuit vient jeter ses derniers voiles,
On entend rugir des lions.

Et l'écho grossissant ces appels formidables,

Tout tremble ; en frémissant, tout se cache et s'enfuit ;
Montant des souterrains, les fauves redoutables
Allument leurs yeux dans la nuit.

Ils montent lentement les marches des abîmes,
Des fosses où, jadis, leurs aïeux prisonniers
Attendaient les martyrs et les vierges victimes
Que l'on jetait dans leurs charniers.

Ils montent, les voici, fauves de Numidie,
Tout en haut des gradins, sur l'horizon marchant,
Les lions, dominant la grande tragédie,
Rugissent au soleil couchant !...

(D'après un Tableau de Gérome.)

Petits Mendiants

A Paul Nagour.

Mon cœur est un enfant pauvre et sentimental,
Petit chanteur des cours, pinçant la mandoline,
Qui traîne par la main sa sœur, pâle orpheline :
Mon âme de poète au profil virginal.

Ils habitent tous deux, là-haut, vers l'Idéal,
Sous les toits, tels jadis Pierrot et Colombine,
Une mansarde étrange où la cloche argentine
Porte un gai carillon, puis un glas hivernal.

Or, tout le jour durant, mendiants et bohèmes,
Jetant aux quatre vents les vers de mes poèmes,
Ils clament aux échos ma joie et mes douleurs.

Et si, souvent, leurs voix défaillent dans les pleurs,
C'est qu'ils sont fatigués, ventres creux d'infortune,
D'avoir bu trop de rêve et mangé trop de lune.

Montmartre.

Angélus d'Artois

A René Le Cholleux.

Le soleil agonise, et l'or sanglant du soir
Empourpre l'horizon de lueurs d'incendie;
Sur l'autel du couchant, divine parodie,
L'astre royal descend comme un rouge ostensoir.

Prêtresse du Silence, ouvrant le tabernacle,
La Nuit, brune vestale, a fait taire le chœur
Des doux chantres ailés, mis le trouble en mon cœur,
Et ferme, lentement, les portes du miracle.

Aux marches de l'autel, son voile sidéral
Traîne dans la clarté l'ombre de la magie;
Puis, versant aux vallons la douce léthargie,
Elle évoque, en Artois, ce décor pastoral:

Un clocher, des toits bleus, teintés de crépuscule,
Groupés, tels des moutons autour d'un vieux berger,

Cyclope dont l'œil blanc, ouvert sur le danger,
Clignote, au fil du temps, l'heure de sa pendule.

Des meules, des hangars et de blancs peupliers
Qui baignent leurs grands pieds dans l'eau de la rivière,
Et s'inclinent, le soir, toiture hospitalière,
Quand le Temps, chemineau, retire ses souliers.

Le jour s'enfuit, baignant de ses larmes les roses;
L'Angélus, tristement, dit la mort du soleil,
Le crépuscule vient, sur l'Occident vermeil,
Ajoutant l'ombre encore au mystère des choses.

C'est la saison d'amour et des grisants parfums,
Le beau mois des lilas, de la Vierge Marie
Qui rayonne à l'autel, de lis toute fleurie,
Le Mai qui rend la vie aux calices défunts.

C'est l'heure du salut: les torches et les cierges
S'allument dans la nuit, sous l'arche du portail;
C'est l'heure du couchant, embrasant le vitrail,
Ouvrant, au songe bleu, les âmes, blondes vierges.

Au loin, le jour s'éteint; c'est la fin des travaux:
Le long troupeau bêlant s'efface dans la brume,
Le forgeron lassé s'assied sur son enclume,
Dans le vieil abreuvoir hennissent les chevaux.

Les grands bœufs accouplés, deux à deux, vers [l'étable,
S'en vont, paisiblement, sur le bord du chemin,
Humant le soir profond dont se meurt le carmin,
L'auge est pleine, là-bas, et l'on dresse la table.

Et paysans et bœufs, pressentant le confort,
Dressant leurs fronts courbés par les communes [tâches,
Libres, le soir, du joug que l'aube leur attache,
Allongent leur pas lourd dans un dernier effort.

La cloche, enfin, se tait ; mais d'autres, plus lointaines,
Disent, à petits coups, le retour au foyer...
— Je songe à tous les gueux, à ces âmes en peine,
Regardant le bonheur, aux vitres, flamboyer !...

Le « Te Deum » de la Gloire

A Jean Richepin.

Que tous les gueux de l'Art, faméliques du Beau,
Qui sentent bouillonner la lave dans leurs veines,
Les martyrs inconnus qui crèvent à la peine,
Sortent enfin de l'ombre et prennent leurs flambeaux.
Car voici la mi-nuit; la cloche des matines
Tinte dans le silence effrayant de la nuit...
Puis, les gueules de fer s'éveillant à grand bruit,
Doux forçats, garrottés aux cordes clandestines,
Se sont pris à hurler, sous des mains assassines,
Leurs blasphèmes de bronze à la lune qui luit.

Ecoutez ce tocsin braillant sous les étoiles:
« De...bout!! les gueux!!
De...bout!! les gueux!!! »
Nuit où nous croupissons, déchire enfin tes voiles!

Debout, les affamés! vous, les jeunes ardents,

Au brasier du grand Art allumez donc vos torches,
Il faut qu'en nous voyant passer sous les grands
[porches
Les monstres ricaneurs tremblent, claquant des
[dents.

Il faut que tous les saints, congelés dans les pierres,
Jaillis, sous le ciseau, du granit d'autrefois,
En voyant, à nos fronts, l'auréole de foi,
Reconnaissent en nous des apôtres, leurs frères.

Il faut que la lumière, éclatant dans la nuit,
Chasse tous les hiboux, ces noirs oiseaux du doute,
Dardant leurs yeux d'or jaune aux sculptures des
[voûtes,
Transparents de terreur sur l'enfer qui reluit.

Il faut que, sur l'autel de cette nef gothique,
Rayonne enfin l'esprit divin de la clarté;
Notre religion, notre divinité,
C'est cet art immortel célébré des antiques.

* * *

Nos cerveaux libérés de mystère et d'erreur,
Refusent désormais les chaînes de vos cultes;
Vous teniez nos raisons en des cages occultes,
Ils s'évadent enfin de vos prisons d'horreur.

La foudre, par nos voix, vous crache l'anathème,
Nous sortons de l'enfer où vous allez entrer,
Nous sommes les remords des crimes perpétrés,
Et nos larmes seront l'eau de votre baptême.

Fuyez! il en est temps, car voici qu'au dehors,
Rugit la mêlée ivre et rauque des barbares,
Des gueux, chacals et loups; emportez vos tiares,
Vos chasubles d'argent et vos encensoirs d'or.

S'il est au ciel un Dieu qui voit la tragédie
Défiler sous la lune avec ses bras sanglants,
Qu'il voie enfin crouler l'édifice tremblant
De vingt siècles d'amour, orgueil et comédie.

Nous n'avons pas ton âme, ô doux Nazaréen,
Aux parias de l'art la vie est un calvaire;
Le Trésor était là, narguant notre misère;
La Haine est un géant à l'œil cyclopéen.

C'est elle qui nous mène, ayant sonné les cloches,
A l'assaut de ces tours, symbole de fierté;
La Misère et la Faim ont cette cruauté
De mettre aux cœurs humains le cœur même des
[roches.

Nos ventres creux sont des tambours,

Nos boyaux des cordes de lyre;
Nous, les va-nu-pieds du délire,
Ayant pleuré, nous voulons rire;
Demain, c'est l'aube des grands jours.

Demain! ô doux Christ du calvaire,
Qui mourus pour notre rachat,
Toi que l'on couvrit de crachats,
Nous chasserons tous ces pachas,
Vendant, à prix d'or, ton mystère.

Toi qui fus cloué sur la croix,
Tu demeures, dans la tempête,
Le grand Messie et le prophète;
Ton rêve est celui d'un poète
Dont nous n'entendons plus la voix.

Je vois ta figure sans haine,
Ta bouche qui parlait d'amour.
Hélas! quand viendra le beau jour
Où la Terre, en heureux séjours,
Aura changé tant de géhennes!

Mais qu'as-tu fait, ô doux martyr,
Pour soulager tant de souffrance?
Ton Eglise tient la balance
Où l'or fait le poids d'innocence
Pour le crime et le repentir.

L'humanité n'est pas meilleure,
La force encor prime le droit,
Le serf n'est pas frère du roi,
Le gueux trébuche sous sa croix
En attendant sa dernière heure.

Le pauvre qui crève de faim
A montré le poing au calvaire,
Et l'aigle emporte, dans son aire,
L'agneau dont la prunelle claire
Se dilate, sachant sa fin.

Ah! que ta voix de meneur d'hommes
Retentisse parmi les cieux,
Pour châtier les audacieux,
Les loups méchants, les vicieux
Qui sont du troupeau dont nous sommes.

Tes paraboles de penseur
Qui bercent la souffrance humaine,
En l'espoir de moissons prochaines
Au Paradis, sont trop lointaines
Pour l'esprit précis des censeurs.

Pourtant, ton verbe a pris la foule
Que tu savais si bien charmer
L'homme a toujours besoin d'aimer,

D'espérer, de se croire armé
Contre la mort, la sombre goule.

Devant le gouffre du néant,
Que l'ombre emplit de ses tempêtes,
Le grand problème prend sa tête:
« Quel est ton sort, âme inquiète?... »
Ta croix reste un flambeau géant.

Depuis bientôt deux mille années,
Nous demeurons les pieds en sang,
Les bras tendus, ô tout-puissant!
Vers l'ostensoir éblouissant,
Nous, les pauvres âmes damnées.

Dussent crouler tous les beffrois,
Et flamber les cités modernes,
Le soleil souffler sa lanterne,
Ton dogme émasculé nous berne;
Réponds du fond de tes cieux froids!

Mais, hélas! la nue est muette,
Tu n'es qu'un philosophe, au fond;
Tu te crus Dieu, c'est ce que font
Les fous qui sondent les tréfonds;
Ton hypnose a pris la planète.

Mais j'aime, en poète féal,
Ton œuvre, d'amour obsédée,
Dépassant tout de cent coudées,
Ton geste, grand semeur d'idées,
Toi, le martyr d'un idéal!

A quoi servit ton bel exemple?
On a trafiqué de ton nom,
Vendu les mots de tes sermons;
Tes prêtres, croupiers du démon,
Tiennent la banque dans ton temple.

On vend ton pardon à prix d'or,
On détaille des indulgences;
Ah! quelle mercantile engeance
D'escamoteurs d'intelligences,
Fouilleurs d'âmes et de trésors.

Voici grandir, pour la bataille,
La montée hurlante des gueux,
Les poings crispés, les fronts rugueux,
Tous les artistes, les fougueux,
Le flot vient battre la muraille.

Nous, les hallucinés des nuits,
Nous entrerons à Notre-Dame;
Clamez, ô chimères infâmes,

La chanson du bronze et des flammes!
L'aube des Temps nouveaux a lui.

Demain, chassant cette cohorte
D'exploiteurs de timidité,
Vouant ce temple à la beauté,
Au soleil de fraternité
Nous ouvrirons grandes les portes.

Au demi-jour abbatial
Où scintillaient crosses et mîtres,
Aux chants chevrotants des chapitres,
Psalmodie aux longues épîtres,
Au rythme onctueux, monacal,

Succéderont, dans la lumière,
Les chœurs de notre Art exalté,
L'amour de notre humanité,
Sous le soleil de liberté,
Ostensoir d'aurore première.

Nous célébrerons nos grands morts,
Libérateurs de la pensée,
Ecrivains à l'âme oppressée
Sonnant, dans l'ombre courroucée,
Le boute-selle de l'effort.

O cœurs sublimes, sous la terre,

Qui tremblez d'orgueil et de froid,
Ecoutez donc, de nos beffrois,
Chanter les bronzes de l'effroi
Pour la justice égalitaire.

Grands apôtres de vérité,
Vous êtes entrés dans l'histoire.
Entendez-vous, dans l'ombre noire,
Le grand Te Deum de la Gloire
Clamer votre immortalité ?

O morts vivants ! ô morts célèbres !
Sortez du linceul, des tombeaux,
Les coqs ont tué les corbeaux,
Et, ramassant vos grands flambeaux,
Nous avons chassé les ténèbres.

Et nous, les prêtres du grand Art,
Au *sursum* des verbes épiques,
Soulèverons, sous les portiques,
L'âme des pierres prophétiques
Qu'endormaient des hymnes bâtards.

Demain, la belle cathédrale,
Dressant ses deux tours de granit
Sera, sous le ciel infini,
Le temple où viendront les bannis
Chanter leur messe triomphale.

Floréal

A Florent Derieux.

Le Printemps, doux Eros, met, à l'arbre naissant,
La neige et les parfums des corolles écloses,
C'est le beau mois de mai, prince d'apothéoses,
Donnant aux fleurs l'essence et l'amour au passant.

Tout revit, tout renaît ; dans l'air, en frémissant,
Passent de fous essaims, blondes métamorphoses
Des rires égrenés, jadis, au temps des roses,
Ou de sanglots défunts dans l'aube bruissants.

Et par les prés, les bois, moissonnant l'églantine,
L'amarante et le lis, l'œillet et le jasmin,
La Muse va, tressant la couronne divine.

Poètes, c'est pour vous qu'au terrestre chemin,
En le matin charmant glane depuis l'aurore
L'âme de Floréal, la gente dame Isaure.

L'Alchimiste

A Eugène Gardais.

Mon âme est un manoir sur un rocher d'orgueil
Dressant sa tour carrée au bord de quelque gouffre ;
Et j'entends, chaque soir, mon pauvre cœur qui
[souffre,
S'enfermant au donjon comme dans un cercueil.

Au dehors, c'est l'orage, et le vent qui s'engouffre
Par les froids corridors trouve un dernier écueil
Sur la porte aux cent clous, barrant l'étrange seuil
D'un antre flamboyant de phosphore et de soufre.

Car le fier châtelain, muré dans son amour,
Lorsque tout dort, veillant son creuset jusqu'au jour,
Souffle sur le brasier pour attiser la flamme.

Pauvre alchimiste, hélas ! il faut abandonner
L'espoir d'accaparer cet or halluciné
Coulant d'un cerveau dans un sourire de femme.

Coucy-le-Château.

6

L'Absinthe

A Henri Galoy.

Bacchante blonde aux yeux pervers,
Toi, la maîtresse qui nous grise,
Qui mets l'oubli dans l'âme éprise,
Verse-moi tes poisons amers.

Toi qui donnes à tous l'ivresse,
Qui mets la folie en nos yeux,
Et le rêve mystérieux,
Nous t'aimons tous, folle traîtresse!

Ton philtre enivrait les guerriers,
Demi nus sous les peaux de bêtes,
Prêts à bondir dans la tempête
De glaives et de boucliers.

Herbe jetée en l'eau des mares,
Tu grisais le coursier nerveux,

Que piquait, dans les prés herbeux,
L'éperon de fer du barbare.

Absinthe, tu fus autrefois
Breuvage chez quelque sorcière;
Mais tu devins si meurtrière
Que tu fus mise au ban des lois.

Mais tu sais ta toute-puissance,
Aux yeux enivrés tu souris,
Brûlant tout le sang appauvri
De ce siècle de décadence.

Tu grises tous les rossignols,
Tous ceux qui chantent à la lune;
Les poètes, les sans-fortune
Cherchent le rêve en ton alcool.

Car, depuis les temps héroïques,
Un pacte infâme te noua
Aux grands fléaux et te voua
Aux voluptés épileptiques.

Car ton breuvage laisse en nous
L'hébétude et la nonchalance,
Ton poison endort la souffrance,
Et c'est pourquoi nous t'aimons tous.

O verte liqueur transparente,
Tu fais naître, toujours nouveaux,
Des songes fous ; à nos cerveaux,
Tu livres l'impossible amante.

Car la beauté nous apparaît
Parmi l'ivresse et la fumée,
Telle une femme bien-aimée
Ouvrant nos cœurs à ses secrets

Et nous, les assoiffés d'extase,
Nous, les buveurs de poison vert,
Nous voyons le monde au travers
D'un prisme qu'un soleil embrase.

Nous t'aimons pour tes yeux hagards
D'hystérique ardente, affolée,
Pour les fresques échevelées
Que tu mets en notre regard.

Et je te vois, parmi les toiles,
Sortir d'un tableau de Henner,
Hétaïre, sous les étoiles,
Versant la folie à nos nerfs.

Prêtresse blonde, tu rappelles
La druidesse des forêts

Dictant ses lois et ses arrêts
De fantaisie à nos cervelles.

Bohèmes, chercheurs d'idéal,
Ton parfum enchanteur nous reste,
Car il met au plafond céleste
Les transparences du cristal.

Herbe-sœur de la marjolaine,
Absinthe d'oubli, doux poison!
Prends mon cœur et prends ma raison,
Toi, la bacchante de Verlaine!

Aux Quat' z'Arts...

Le Poète et la Nuit

A Marc Frilley

Voici venir la Nuit, ma créole à l'œil noir,
Qui m'étreint follement et berce mon espoir,
La Nuit voluptueuse;
La Nuit qui jette en moi ses plus divins frissons,
Ses timides aveux, ses plus folles chansons,
La Nuit, brune charmeuse.

La Nuit, ma folle amante, et qui, pour mon plaisir,
Revêt quelque peignoir aux trames du désir,
Aux chaînes de l'ivresse;
La Nuit qui, pour moi seul, a pris, parmi les fleurs,
Ses manteaux striés d'or qui changent de couleur,
La Nuit, folle maîtresse.

Vers le Printemps, en mai, mois d'amour éternel,
Elle traîne sa robe aux tons de l'arc-en-ciel,
Parmi les roses roses;

En été, vers juillet, la Nuit des grands blés d'or,
Fait tisser, par le soir, son joli voile encor,
Dans le mauve des choses.

Et ma Nuit de rêveur, en l'octobre automnal,
S'embrume aux tons rouillés du vol triste et banal
Des feuilles dispersées ;
En l'hiver de janvier s'enténébrant d'effrois,
Elle prend le grand deuil, dans le noir des grands
Où s'en vont mes pensées. [froids

Comète d'Été

A Paul Démarquet.

Le Rêve, l'enfant blond, frère aîné de l'Amour,
Me conta les malheurs d'une pauvre comète:
« Un vieil astre, un vieux fou, s'était donc mis en tête
D'épouser la Splendeur, la sœur brune du Jour.

» Or, la danseuse étoile, amante du Vautour
(Un lumineux géant, chez Jupiter, athlète),
Accepta du vieillard, pour devenir planète,
Des anneaux, des bijoux, présents de noble cour.

» Mais, jaloux, le lutteur s'étant caché dans l'ombre,
D'un manteau s'affublant par une nuit très sombre,
Pénétra chez sa belle et tua le seigneur.

» Puis, le titan farouche enfourchant un centaure,
Il emporta la femme à travers la langueur,
Cette plaine des Nuits qui va jusqu'à l'aurore. »

Papillons !

A Paul Nentien.

Volez ! gentils papillons bleus,
Doux papillons, papillons frêles,
Portez mon âme sur vos ailes.
Dites-lui, tout bas, que les cieux
Sont moins purs que ses jolis yeux.
Volez ! gentils papillons bleus,
Portez mon âme sur vos ailes !

Volez ! joyeux papillons verts,
Vous, papillons des folles fièvres,
Butinez l'amour sur ses lèvres.
Ah ! portez, en son cœur ouvert,
L'espoir qui bouillonne en mes vers.
Volez ! joyeux papillons verts,
Butinez l'amour sur ses lèvres !

Volez plus loin! papillons gris,
Tristes précurseurs de l'orage;
Hélas! mon pauvre cœur naufrage.
Portez mon rêve, ô doux esprits,
Enténébrez les yeux épris;
Volez plus loin! papillons gris,
Hélas! mon pauvre cœur naufrage!

Volez! fuyez! papillons noirs,
Tourbillons autour de ma flamme,
Emportez mon cœur et mon âme.
O mes papillons des beaux soirs!
Vers le gouffre des Désespoirs,
Volez! fuyez! papillons noirs,
Emportez mon cœur et mon âme!

Sonnet Barbare

A Auguste ***Petyt.***

J'ai drapé sur mon cœur le manteau de luxure,
Et, masqué d'un bandeau, la rapière au côté,
J'irai, ne cherchant plus que l'étrange beauté
Qu'un seul désir charnel étreint et transfigure.

Je n'aimerai que toi, ribaude en volupté
Que j'oublierai demain pour changer de monture;
Trop longtemps, ô cerveau, tu fus à la torture,
Il faut, à tes coursiers, l'air et la liberté.

Car l'Amour qui nous tient a de plus larges ailes
Que le doux chérubin qu'un mot ensorcela,
Et qui tisse, à la vierge, un sonnet de dentelles.

Il faut, à nos galops, les chemins qu'Attila
Jonchait de cœurs troués ensanglantant l'histoire.
O Chimère, en avant! chevauchons vers la Gloire!

Le Poète et l'Abîme

A Pierre Dalain.

La vie est un rocher sur l'abîme de gloire
Dont les flots charrient la clarté;
Ce granit, cet airain, c'est le mur de l'Histoire,
Le mur de l'immortalité.

Et, sur ce roc, à pic sur le gouffre du rêve,
Sont gravés les noms flamboyants
D'audacieux marins et de coureurs de grève,
Les noms des forts et des vaillants.

Or, la liste se presse en cohorte et s'avance,
Se perd au fond, sur le portor;
Il faut descendre sur la corde qui balance
Comme un pendule sur la mort.

Il faut des muscles durs, la force du prodige
Et la foi d'atteindre son but,

Il faut descendre encor, et sans peur du vertige,
Des squales toujours à l'affût.

Descendre vers le flot d'où jaillit la lumière,
Le jour de gloire éblouissant,
Et graver au burin, sur l'écorce de pierre,
Le nom des aïeux, de son sang.

Oh ! combien sont tombés, dans l'abîme d'aurore,
Sans avoir achevé leur nom ;
Oh ! combien d'éblouis, que d'artistes encore,
A qui le Destin dira : « Non ! »

Ah ! qui saura jamais vos appétits farouches,
O vagues qui nous attirez,
Vous, dont les flots ardents sont comme autant de
Aux lèvres des désemparés. [bouches

Vous qui prenez les corps pour en voler les âmes,
O flots de l'abîme fatal !
Combien sont descendus qu'hallucinaient vos flammes
De phosphore, ô gouffre infernal !

Et combien que tentaient les conquêtes lointaines,
Là-bas, vers l'Orient vermeil,
Combien de conquérants, croyant l'aube prochaine,
Sont partis chercher le soleil ?

Leurs barques, désormais, dérivent vers les pôles
Et les portent vers les glaciers,
Et pourtant l'astre encor leur fait une auréole
Qui resplendit sur leurs aciers.

O vagues, dites-moi les noms de ces corsaires,
De ces artistes pleins de foi,
De tous ces oubliés, au radeau de misères,
Qui sont morts de faim et de froid!

Ainsi songeait, un soir, le rêveur, le poète,
Un enfant dénicheur d'aiglons
Qui, l'œil en feu, debout, écoutait la tempête,
Le chœur géant des aquilons.

C'était l'heure du flot, des remous insondables,
L'heure du couchant sur la mer,
Où le vent frôle au loin les harpes formidables,
Barreaux des grilles de l'Enfer.

Le spectacle était grand, les vagues en délire
Chantaient un hymne au Dieu des eaux,
Dans le soir, Apollon faisait vibrer sa lyre,
Les âmes sortaient des tombeaux.

« Je veux graver, dit-il, les noms des sans-histoire
Sur le rocher, au ras des flots,

R.F. IMPRIMÉS

Pour que les Disparus viennent, dans nos mémoires,
Sans fiel, ni rancœur, ni sanglots. »

Le but était lointain, l'idée était si belle,
D'un œil incertain, agrandi,
Pour ajouter les noms à la liste immortelle,
L'intrépide enfant descendit.

Au couchant, en pleine mer, au large de Folkestone.

Détresse !

A Paul Doumer.

Ballotté par la vague, errant au gré des vents,
Mon cœur est un radeau sur les flots d'amertume;
Et seul, un matelot agite, dans la brume,
L'appel du désespoir, la loque aux plis mouvants.

Car tous sont morts, hélas! de faim et de misère:
L'espérance, la foi, l'amour, les sentiments;
Et, pareils aux gerfauts, le vol des noirs tourments
S'abat sur ce dernier survivant du corsaire.

Il lutte, il se débat comme un halluciné,
Et, dans quelques instants, tout sera terminé...
O mensonge!... Il entend l'angélus de la grève.

Et, pâle résigné, malgré ma volonté,
Naufragé du Destin vers la nécessité,
J'assiste en sanglotant à la mort de mon rêve.

Au cap des Douleurs, 1905.

Haydée

A Raymond Lazard.

La brune enfant sourit au soleil qui se couche,
A l'oiseau qui chante le jour,
Aux fleurs, aux flots profonds. La rose de sa bouche
Répète des serments d'amour.

Tout fuit. Le jour se meurt. Et des battements d'ailes
Troublent le soir mystérieux.
Elle est dans son hamac, ses lascives prunelles
Laissent couler l'or de ses yeux.

Et là, sous les palmiers, songeant, au crépuscule,
Au fol amant, au fiancé,
Elle écoute le chant du flot bleu qui recule
Devant le flot noir plus pressé.

Elle voit, songe d'or, la ville aux cent mosquées,
Aux terrasses de marbres fins,

Où rêvent, vers le soir, les sultanes masquées
Qu'émeut la voix du muezzin.

Elle est libre d'aimer. Pourtant, elle est si belle,
Qu'un jour, l'envoyé du sultan
Lui dit: « Veux-tu régner? Viens! mon maître [t'appelle
Fleur de chair! Rose du Printemps!

» Viens! tu seras la reine, et toutes les sultanes
Danseront le pas du sérail,
Aux sons des tambourins; parmi les courtisanes,
Tu régneras par l'éventail. »

— « Je veux bien, grand vizir, demain, à pareille [heure,
Reviens, quand tombera la nuit. »
Et l'envoyé revint frapper à la demeure...
La belle Haydée avait fui.

Elle est libre d'aimer, la brune Orientale,
Libre d'aimer son bon Ali,
Libre de lui donner à baiser sa sandale,
Sa bouche ou, las, son front pâli.

La nuit bleue est partout, le ciel criblé d'étoiles
Se mire dans les flots d'azur;
Au loin, vers l'Archipel, quelques lointaines voiles
Tachent de blanc le clair-obscur.

Ali lui parle bas, lui montre la patrie,
Là-bas, par delà le détroit,
Il lui chante, le soir, la complainte attendrie
De l'amour plus fort que le droit.

Elle, souvent a peur du bruit que fait la brise...
Le hachish est interrogant...
« Dors, ô ma brune, dors, que le rêve te grise,
Ne crains rien, j'ai mon yatagan! »

Se penchant doucement, quand l'amante sommeille
Et ne peut plus lui refuser,
Sur ses lèvres en fleur, rôdant comme une abeille,
Ali vole encor un baiser.

La Vierge à la Source

A Auguste Dorchain.

Viendra-t-elle jamais au désert de ma vie,
La fille au teint bruni par les feux du soleil,
L'ange de mon beau rêve, et qui, dans mon sommeil,
Verse le doux mensonge à mon âme ravie?

Je la vois qui descend à la chute du jour,
Quand le ciel sème l'or aux songes du poète,
Elle marche à pas lents, son urne sur la tête,
Et s'arrête, rêveuse, au divin puits d'amour.

Et, s'accoudant, lassée, au bord de la margelle,
Elle mire, au cristal du limpide miroir,
Le merveilleux portrait qui s'estompe de soir,
Et sourit à ses yeux de se voir aussi belle.

Puis, lissant, de ses doigts, ses noirs bandeaux de [nuit,
Déroulant sur son cou ses longs cheveux d'ébène,

Belle à damner les saints, à triompher des reines,
Elle attend qu'au ciel bleu la blonde étoile ait lui.

Car elle sait que l'or divin de ses prunelles
Fait pâlir, dans l'éther, l'astre du firmament,
Que le jais, le velours, les perles d'Orient,
Ont laissé, dans ses yeux, la moire et l'étincelle.

Puis, quand la Nuit troublée étend sa volupté,
Vélum ouaté d'ombre au lit clos de la Terre,
Elle plonge son urne au grand puits du mystère,
Et reprend, à pas lents, le chemin argenté.

Or, m'ayant rencontré par le désert de lune,
Chamelier assoiffé marchant vers l'idéal,
Elle me tendit l'urne, et devinant mon mal,
Pencha, sur mon front blanc, sa belle tête brune.

« Ami, ferme ton cœur, garde pour le grand jour
Les bijoux de tendresse et les colliers d'étreintes,
Garde, à la fiancée et pour sa seule empreinte,
Les sceaux rouges de chair des lèvres à l'amour.

» Garde jalousement tous ces trésors de l'âme,
Pour la vierge au front pur qui paraîtra demain,
Au tournant de ta vie, ayant un lis en main,
En holocauste ardent t'offrant son cœur de femme. »

La Forge

Le Printemps, dans mon cœur, vient d'allumer sa
[forge,
Et mes yeux flamboyants, tels des vitraux d'enfer
Reflètent la fournaise où brasille le fer;
L'émoi tient le secret dans l'étau de ma gorge.

Et voici qu'au travail, ayant pris son marteau,
Dès que le jour a mis, en mon regard, ses lampes,
L'Amour fait résonner l'enclume de mes tempes,
Sous ses coups redoublés, forcenés et brutaux.

Or, savez-vous pourquoi, bel ange de mon rêve,
Ma poitrine se tend, se gonfle et se soulève,
Attisant de soupirs l'âtre mystérieux?

C'est qu'en mon cœur éteint vient de passer votre
[âme,
Et que le clair flambeau qui brûle en vos grands yeux
Se tord, s'allonge et meurt, en vos cheveux de
[flamme.

Enghien-les-Bains.

Les Couchants Rouges

A Edmond Chancerel.

I

O tours de liberté! ô vieux beffrois célèbres!
Quand voltige l'essaim de vos gais carillons,
Je songe aux noirs tocsins hurlant, par les sillons,
La révolte des gueux marchant dans les ténèbres.

Car ils sortiront tous à vos appels funèbres,
Je les vois se grouper en haineux bataillons,
Chacun cache un couteau sous ses tristes haillons;
Je sens un frisson fou me nouer les vertèbres.

Car dans le soir cuivreux, sous un ciel de terreur,
Le carnage infernal se vautre dans l'horreur,
La Nature s'endeuille aux éclairs de la gouge;

Et le fleuve écarlate emporte les sanglots,
Les râles des mourants — demain... rumeurs des [flots
De l'Océan. Je vois, — hélas! plus rien ne bouge, —
Les cités s'allumer dans le couchant d'or rouge.

II

Le soir phosphorescent s'estompe de cinabre,
Tout brûle; tout s'écroule en un monstrueux choc,
Seul, l'antique beffroi, comme un orgueilleux coq,
Clame son chant de fer en un tocsin macabre.

La Terre frémissante et cachant son front glabre,
Au carrefour des Temps, assise sur un roc,
Voit la Haine pousser son formidable soc
Et la Nuit allumer son divin candélabre.

Or, dans l'azur tragique éclaboussé de sang,
Blême de la douleur de ce jour finissant,
La lune prend sa course, éclairant ces désastres.

Et voyant, dans le ciel, ce masque épouvanté,
J'ai songé que Caïn, du corps décapité,
L'arrachant grimaçante a jeté vers les astres
La tête de l'Humanité.

III

Le globe est arrêté dans l'azur insondable,
Car la vie a cessé; la Haine aux yeux méchants
Rôde, dans le soir bleu, par les monts et les champs;
Elle se meurt de faim, mais hurle inexorable.

Le concert des hiboux dit ses lugubres chants,
Et, dans la nuit qui tombe, une ombre formidable
S'avance, et prend le corps d'un vieillard vénérable
Qui tient, en sa main droite, un glaive à deux [tranchants.

— « Anathème!... ta fin marquée à la clepsydre
Ouvrira l'âge d'or! descends chez Lucifer! »
Et levant, sous le ciel, sa flamberge de fer,

Dieu tranche d'un seul coup la tête de cette hydre...
Puis, redonnant la vie à notre humanité,
Lance à nouveau la Terre au désert de clarté.

Suprême Étreinte

Ah! laisse, mon amour, ces divines oiselles,
Nos deux âmes s'unir au silence divin.
L'ivresse de l'extase, en nous versant son vin,
Clôt les bouches de chair de ses deux blanches ailes.

Mon luth reste muet devant tant d'infini,
Je vois dans tes grands yeux l'azur qui se colore,
Le désir embrasé monte comme une aurore,
Emergeant de ton cœur comme d'un lac béni.

La pourpre du plaisir ensanglante les roses,
Ta bouche est la grenade ouverte à mon baiser,
Tu ne peux, cher amour, hélas! me refuser
Le temple de ta chair pour nos apothéoses.

Les instants de bonheur, au sablier du temps,
Sont à peine minute au siècle de souffrance,

Et nous pesons si peu, dans la juste balance,
Qu'un souffle nous emporte à l'aube d'un printemps.

L'Ecriture nous dit qu'au delà du mystère,
Il est un paradis qu'il nous faut mériter,
Mais j'en sais un, ma douce, où luit la volupté;
Vivons, si tu m'en crois, cet Eden sur la Terre.

Aimons-nous follement, l'amour est le plus fort;
Cherchons vers le bonheur où la vie est en source,
Buvons l'oubli des jours, des nuits et de leur course,
Et restons enlacés, noués jusqu'à la mort.

L'Aurore au Lautaret

Le jour naît, empourprant de ses clartés sublimes
Les glaciers et les pics sur le grand Galibier ;
Le mélèze et le pin rejettent au sorbier
Les faisceaux de rayons irisés par les cimes.

Et des flots presque bleus roulant vers les abîmes,
Avalanche d'aurore en un chaos premier,
Allument les vieux monts de la base au cimier,
Et poussent le torrent dans le gouffre des crimes.

Pas d'oiseau, pas de chant, le silence profond,
La montagne partout, le ciel, sur son plafond,
Tend son voile infini d'énigmes éternelles ;

Tout dort au Lautaret ; toi seule, mon amour,
Tu t'éveilles, bel ange, et moi, le troubadour,
D'un désir, dans tes yeux, j'ai vu battre les ailes.

Au Lautaret...

Chanson du Vent

A Marc Delmas.

Oh! la chanson du vent, le soir, dans les ramures,
Lorsque des noirs sapins vibraient les violons
Sous les archets frôleurs des mille et un murmures,
Quand le cor sanglotait aux échos des vallons.
C'était un soir divin, au pied des hautes cimes;
Oh! la chanson du vent, le soir, sur les abîmes!

Nous allions tous les deux, seuls, vers le grand [glacier,
Moissonnant les baisers par les chemins de lune;
Ses cheveux dénoués, tel un ardent coursier,
On eût dit, de la nuit, quelque cavale brune
Qui hennissait d'amour devant l'immensité;
Oh! la chanson du vent aux soirs de volupté!

Nous allions, yeux rivés, emplis de flamme étrange,
Longeant le précipice, où les flots en tourments
Hurlaient, tel le démon que terrassa l'archange...

O gouffre de désirs de ses grands yeux déments,
Lorsque j'y songe encor, hélas! mon sang se fige;
Oh! la chanson du vent dans les soirs de vertige!

Adieu, splendeur magique et calme des beaux soirs,
Des nuits où nous allions rôder vers la Romanche.
Les jours heureux s'en vont en vapeurs d'encensoir;
Et je la vois passer, mystique forme blanche
Effeuillant sur mes jours les roses d'avenir.
Oh! la chanson du vent au fond du souvenir!

Le Bourg d'Oisans.

Tocsin d'Amour

L'Amour a mis en branle, en mon cœur, quelque [cloche,
Et les fiers sentiments qui dormaient dans mon sein
S'éveillant, aux appels généreux du tocsin,
Se sont levés vibrants à sa voix de reproche.

Et j'ai senti renaître et courir en mon sang
Les frissons éperdus, les spasmes, la rafale
Des baisers rouges, fous, des soupirs et des râles,
Des désirs affamés par le rut tout-puissant.

Eros ayant battu, sur la peau de mes tempes,
La charge des tambours au front des révoltés,
Le grand flot s'abattit où la volupté campe.

O femme! autel de chair et temple de beauté!
Le phallique bélier dut enfoncer la porte
Afin que pénétrât dans ton cœur la cohorte!

La Garde au Drapeau

A la memoire de José-Maria de Hérédia.

L'Art agonise et meurt aux mains des arrivés.
Le superbe étendard des croisés romantiques
Voit tomber, chaque jour, l'un des preux héroïques
Qui le gardent encor, fiers de l'avoir sauvé.

Et derrière eux glapit la pâle multitude
Des rimeurs sans aveu, inspirés au berceau
Qui, pour avoir chanté la rose et le ruisseau,
Se sont crus les aiglons des hautes altitudes.

Or, les fiers paladins, debouts sur le glacier,
Vieillis sous le harnois, dorment dans leurs armures;
Mais, quand ils ferraillaient et couchaient sur la dure,
Le monde frémissait aux éclairs de l'acier.

Les échos des vallons savent les chants barbares,
Le bruit des boucliers et des grands coups d'estoc,

Les longs appels du cor, emportant, par les rocs,
Du cuivre et du soleil mêlés dans ses fanfares.

On entendait alors les rimes de métal,
Les beaux alexandrins des carrousels épiques
Bardés de fer et d'or, ou drapés à l'antique
Dans la pourpre des mots sonnant tel du cristal.

Mais, hélas! le soir vient, les diamants stellaires,
Las enfin de briller, s'éteignent lentement,
S'enfonçant dans la Gloire, au lointain firmament,
Ils livrent à la Nuit notre ciel littéraire.

O vous les pâles inconnus,
Qui forgez de l'airain dans l'ombre;
Vous, déshérités au front sombre,
Debout! et faites face au nombre
Des égoïstes parvenus.

Debout! vous les porteurs de lyre,
Pour le grand Art et la Beauté,
Allons, debout! il faut lutter,
Chassez votre timidité,
Il faut clamer au lieu d'écrire.

Sortez les glaives des fourreaux,
Vous tous que le Destin terrasse,

Prenez le heaume et la cuirasse,
O vous! les poètes de race,
Brisez préjugés et barreaux!

Et montrez-vous les fils superbes,
Plus beaux encor sous vos haillons,
Les fils féaux des grands lions:
Clamez, pour la rébellion,
Tous les blasphèmes et les verbes.

Il faut que le bel étendard
Claque toujours au vent des cimes,
Groupez-vous au bord de l'abîme;
Soyez, ô poètes sublimes,
La garde au drapeau du grand Art.

Le Souvenir

A Emerantine.

Au manoir de mon cœur, tous mes beaux sentiments
Revêtaient, ce jour-là, d'éclatantes cuirasses.
C'était comme au vieux temps où, se levant en masse,
Paladins et guerriers allaient vers les Normands.

Hélas! ils sont partis, pas un n'est revenu,
Ils sont morts le front haut, aux accents des fanfares.
Or, certain soir, le chef des pirates barbares
Emmena dame Agnès vers un monde inconnu.

Et seul, au noir castel, petit page au front sombre,
Sur l'or clair du lambris, je vois passer son ombre
Aux cheveux de soleil qui toujours me poursuit.

Votre cher souvenir, je ne veux pas qu'il sorte!
Au manoir de mon cœur, lorsque descend la nuit,
La herse tombe, au pont-levis, devant la porte.

La Ferté-Milon.

Vision d'Orient

Demeure, ô mon amour, alanguie en mes bras,
Ecoute la chanson qui monte vers mes lèvres,
Cette chanson du sang, au rythme de la fièvre
Qui nous tord, enlacés, dans la houle des draps.

Tes yeux où l'or se fond m'ont pris dans un vertige,
Et j'y vois défiler mon rêve d'Orient:
Voici la Corne d'Or, l'Archipel scintillant
Sous le croissant de lune, en la nuit du prodige.

Ta poitrine se gonfle, et la mer aux flots bleus
Prend pour diapason nos soupirs et nos râles,
Et c'est dans le lointain l'invisible chorale
Des travailleurs marins, brunis et musculeux.

Voici, voiles au vent, tartanes et galères,
Que pousse, sur les flots, le plus doux des zéphyrs,

Portant les diamants, les rubis, les saphirs
Que taillèrent, pour toi, des orfèvres chimères.

Voici tous mes désirs aux rouges casaquins,
Les forçats aux boulets qui tirent sur les rames,
Condamnés qu'enchaîna ton sourire de femme
A la galère des coquins.

Et voici l'Armada des mots de ma faconde,
Ivres de rapt et d'or, de luxure et de sang,
Qui viennent d'égorger quelque radjah puissant,
Pour que tu sois reine à Golconde.

Hélas! mon cher amour, je voulais, à ton front,
Ceindre ce croissant d'or enguirlandé d'étoiles;
Mais voici que soudain l'orage a pris mes voiles,
Et mon cœur a connu l'affront.

Car voici que l'amour gronde au ciel de mon rêve,
Et nous atterrissons au port de volupté;
Les blocs de marbre blanc d'où jaillit ta beauté
Sont les quais qui bordent ma grève.

La meute des frissons a chevauché les flots
Eventrant, sur les rocs, mes navires de songe,
Tes yeux ont englouti mes trésors de mensonge,
Monstre d'amour et de sanglots!

J'assiste, en ton regard, au plus beau des désastres,
Sous tes longs cils soyeux, à jamais enfoui,
Je vois sombrer l'orgueil de rêves inouïs,
Un écroulement d'or et d'astres.

Le Manoir Enchanté

A Catulle Mendès.

Je voulais l'oublier, l'oublier à jamais,
Chasser ce souvenir auréolé de flamme;
Et, prenant pour poignard son sourire de femme,
J'égorgeai mon amour, et libre, désormais,

Dans l'or de ses grands yeux je forgeai mon armure;
Puis, masquant ma douleur du heaume d'autrefois,
J'enfourchai la chimère ainsi qu'un palefroi,
Cravachant jusqu'au sang ma superbe monture.

Pégase m'emporta vers l'horizon vermeil,
Au pays du vertige, au delà des nuées,
Et, dans le soir cuivreux s'exhalant en buées,
J'aperçus un manoir au coucher du soleil.

Or, c'est en ce château que se tenait la Gloire,
La Gloire aux cheveux d'or qui, du haut de sa tour,

Attendait, au couchant, que le vainqueur du jour
Franchît, au pont-levis, la porte de l'histoire.

Mais je n'avais au front ni rose, ni laurier;
Le pont se releva, faisant grincer sa chaîne,
Et, le brouillard du soir engourdissant ma peine,
Je m'endormis, brisé, près de mon destrier.

Lorsque l'aurore vint rallumer mes prunelles,
Je me trouvais couché dans un grand lit sculpté,
En une vaste pièce, où la mauve clarté
Avivait des vitraux comme ceux des chapelles.

Et j'entendis bientôt de célestes accords,
Des chants mélodieux arrivant par bouffées;
(J'ai revécu depuis ce beau conte de fée,
En la chambre gothique aux fastueux décors).

Une ombre..., un page vint m'apprendre que, la veille,
Je m'étais endormi sur le bord du fossé,
Et que la châtelaine, au livre du passé,
Cherchait en vain mon nom au bas des feuilles [vieilles.

Je sus que mon esprit fut celui d'un damné,
D'une vestale ensuite, en un temple, à Byzance,
Puis l'Amour l'ayant pris, un soir, dans sa démence,
Au corps d'une sultane il fut réincarné.

Suivant la fantaisie et le Destin des choses,
L'âme devint plus tard celle d'un chevalier;
Mais, perdue en la nuit d'un livre où, par milliers,
S'inscrivaient en chaos tant de métempsycoses,

On ignorait depuis, ce qu'était devenu,
L'esprit subtil de l'âme étrange, orientale,
Qui, libéré d'un corps de race occidentale,
Errait, par l'éther froid, dans un orbe inconnu.

L'impalpable dansait dans un rayon de lune,
Par un matin d'hiver, en l'aube de cristal,
Et m'éveillant au jour, vagissant sur l'étal,
Mon premier souffle prit cette âme d'infortune.

Tout surpris, j'écoutais l'ombre qui me causait,
Le gentil troubadour en costume de page;
Il m'apprit qu'il était mon guide en ce voyage
A travers le sommeil qui me magnétisait.

Cet enfant blond avait des cheveux de lumière,
Sa voix était étrange et donnait des frissons,
Une voix qui, jadis, en harmonieux sons,
Chantait la mort du jour dans les ors des verrières.

J'avais l'impression de mon dédoublement,
M'éveillant, dans mon rêve, avec l'esprit lucide,

Je vis la grande chambre, et les cariatides
Au-dessus d'un grand âtre où flambaient des
[sarments.

Et la voix d'au delà, la voix douce et lointaine
Reprit en ce moment: « Messire chevalier,
Il faudra que céans, ce matin, vous alliez
Saluer, au lever, la gente châtelaine. »

Je vêtis mon maillot, mon pourpoint de velours,
Et suivis, anxieux, le page par les salles,
Les couloirs, où les pas résonnent, sur les dalles,
D'un écho qu'on dirait muet depuis toujours.

O manoir enchanté dressant tes murs de rêve
Bâtis de l'or des mots, d'airain et de clarté;
Je vous revois encor, murs d'immortalité,
Où le burin d'acier grave toujours, sans trêve,

Les noms des grands, des forts, des illustres guerriers,
De ceux qui font honneur à la famille humaine,
Et des martyrs tombés, épuisés dans l'arène,
Pour l'Art et la Beauté, sans cueillir leurs lauriers.

Les lettres de vos noms sont lettres immortelles,
Comme les mots, jadis, au mur de Balthazar,
Gravés d'or et de feu. Je marchais au hasard,
Et le songe divin embrasait mes prunelles.

Des portes, aux panneaux bardés, plaqués d'acier,
S'ouvraient sous les efforts d'une main invisible;
J'allais, le cœur battant, vers l'incompréhensible,
Suivant le page, blond fantôme initié.

Aux murailles pendaient des bannières flottantes,
Des armes d'autrefois, mises là, par faisceaux,
Des rayons de soleil, se brisant aux arceaux,
Eveillaient, du passé, les âmes palpitantes.

Et j'évoquai les preux et les fiers paladins
Qui s'étaient endormis dans un linceul de gloire,
Défilant à mes yeux, au seuil de ma mémoire,
Groupés comme des fleurs aux massifs des jardins.

Mon oreille s'emplit du bruit clair des fanfares,
Du chant des cymbaliers rythmant, de sons cuivrés,
Le pas des conquérants, aux escadrons dorés,
Montés sur des coursiers aux armures bizarres.

Puis ce fut une salle, au bout d'un souterrain,
Immense, où s'alignaient des bronzes et des marbres,
Tous étaient palpitants comme des feuilles d'arbre...
Le génie habitait dans ces torses d'airain.

Tous les arts étaient là, se groupant en synthèse,
Aux gloires de l'Esprit comme en un panthéon,

Dans les cadres d'or mat, dans l'or clair des rayons,
Les beaux tableaux du Louvre et du palais Farnèse.

Une porte tourna, je vis un escalier
De cristal lumineux, de Paros et de nacre.
L'ombre dit: « C'est là-haut, la chapelle du sacre. »
Ebloui, je montai, puis parvins au palier.

Or, mon regard s'emplit d'une lumière étrange,
Un jour de paradis éclairait ce saint lieu,
Et vers le chœur, au fond, sur l'autel du milieu,
Un trône en marbre blanc qu'entouraient quelques
[anges.

Puis, de chaque côté, des porteurs d'étendards,
Guerriers vêtus de fer, ayant, sur leur poitrine,
La croix rouge de sang, au poing la javeline,
Qui formaient un grand cercle où scintillaient les
[dards.

Et tout près de l'autel, les Muses, les Vestales,
Dont le nu sculptural éblouissait mes yeux,
Allumaient, aux trépieds, l'encens mystérieux
Embuant d'imprécis les voûtes ogivales.

Derrière elles, venaient, drapés de péplos blancs,
Les poètes défunts ayant en main la lyre,

Une foule compacte, impossible à décrire,
Tous les grands disparus depuis des milliers d'ans.

Ces ombres s'agitaient aux remous de lumière
Qui nimbait les lauriers de ces fronts inspirés
D'une auréole d'or aux tons multipliés
Par les nombreux carreaux des gothiques verrières.

Or, derrière l'autel, un rideau de velours
Se leva lentement sur cette énorme fresque;
Et d'un escalier clair, aux degrés gigantesques,
La Gloire descendit, plus belle que le jour,

A pas majestueux et tenant la couronne
De chêne et de laurier, dans l'une de ses mains;
Et je compris alors pourquoi tous les humains
Voulaient mourir pour Elle; ah! que Dieu leur [pardonne!

Elle était si troublante, avec son front cerclé
D'un bandeau, retenant ses blonds cheveux d'aurore
Qui tombaient en flots roux et frissonnant encore
Des doigts de l'immortel qui les avait bouclés!

Jamais je n'avais vu si joli corps de femme;
Elle descendait nue, et, dans sa majesté,
Se mêlaient tant de grâce et tant de volupté,
Qu'un émoi bien humain s'alluma dans mon âme.

Ses seins gonflés d'amour éclataient en fleurons
Rouges sur le satin de sa chair enivrante,
Et l'arc fier de sa lèvre, en blessure sanglante,
Me lança le désir dont nous tous nous mourons.

Oh! devenir l'élu, le pâle amant d'une heure,
La presser dans ses bras et sur son cœur, grisé,
Dût-on mourir après, de son ardent baiser,
Ou revivre l'extase en l'opium du leurre.

Mais vivre cet instant, vibrer de ce frisson,
Sentir, en soi, chanter les cordes orgueilleuses,
Que tend à les briser la main mystérieuse
Du bel Eros païen qui clame sa chanson.

Un chœur d'âmes chanta, des trompettes sonnèrent,
La Gloire s'asseyait dans la cathèdre d'or,
Sur le trône, à l'autel... Quelques instants encor,
Le silence se fit, les drapeaux frissonnèrent.

Puis, à moi, s'adressant, elle dit lentement:
« Etranger, d'où viens-tu? Dis-moi quelle est ton [œuvre?

...Je sais, tu combattis la Misère, la pieuvre,
Pour tenir au grand Art quelque sombre serment.

» Mais hier, mes varlets, sur le bord de la route,
Aux portes du manoir, t'ont trouvé, m'ont-ils dit;

Je te voyais, de loin, fuyant comme un maudit,
Cravachant ta chimère en le sentier du doute.

» Pourquoi vins-tu frapper? Sais-tu, qu'en mon [château,
Je puis te retenir? L'oubliette féale
Garde plus d'insensés, dans l'ombre sépulcrale,
Que d'élus dont les noms flamboient au chapiteau.

» Mais j'ai pitié de toi, pitié de ta jeunesse;
Parle, que me veux-tu? Dis-moi quel est ton but?
Forges-tu l'or des vers? Sais-tu jouer du luth,
Et chanter de l'amour les divines ivresses? »

— Reine, je suis poète, hélas! pour mon malheur,
J'ai louangé le Dieu qui règne sur nos âmes,
J'ai trop vibré d'amour en exaltant la femme,
Mon cœur en est brisé, torturé par les flammes;
L'Amour m'ayant menti, je vis dans la douleur.

Tant d'autres, avant moi, de la souffrance humaine,
Ont dit les cris d'horreur en toutes les chansons,
Ont tant cueilli de fleurs, de roses aux buissons,
Qu'il ne me reste plus, après cette moisson,
Qu'épines et chardons par les monts et la plaine.

Mais, certain jour, j'appris, lors que j'étais enfant,
La légende où Roland sonnait du cor d'ivoire,

Son bruit éveille encor les échos de l'histoire,
L'instrument, me dit-on, est depuis chez la Gloire;
Je voudrais essayer d'emboucher l'olifant.

On dit que l'Art se meurt en nos vers anémiques,
Et qu'il manque le souffle à ceux que nous rimons;
Nos aînés ayant pris les fleurs que nous aimons,
Je veux sonner du cor, sonner à pleins poumons
Les fanfares d'hier, des légendes antiques!

La Gloire fit un signe, et, voici qu'à pas lents,
Un guerrier s'avança dans un rais de lumière,
Son casque était d'argent aux ailes de chimère,
Il portait à la main une blanche bannière,
Durandal au côté, je reconnus Roland.

M'ayant donné le cor, oh! le divin mensonge,
Je voulus essayer d'en tirer quelques sons...
. . . .
. . . .

Des appels effrayants, à donner le frisson,
M'éveillèrent soudain. Hélas! nous ne chassons
Que des chimères d'or dans la forêt du songe.

La Ferté-Milon.

Vision Blanche

A celle qui vient.

Destin! j'ai dévidé l'écheveau du malheur,
Ah! tenir, à mon tour, la quenouille de vie,
Les fuseaux, pendant qu'Elle, au rouet du bonheur,
Filerait tout l'amour de mon âme ravie.

O ma belle fileuse! ô mon ange adoré!
Je ne sais pas ton nom, belle vierge inconnue,
Toi que je sens venir par la grande avenue
Où voltige la feuille en l'automne doré.

Ah! tu viendras trop tard, ô ma blanche épousée
Portant les chastes fleurs, où le Rêve, en rosée,
Fait perler la candeur des sentiments humains.

Hélas! par quelque soir, mon cœur, las de t'attendre,
Croyant te voir passer, sans chercher à comprendre,
Aura suivi la Mort sur l'éternel chemin.

La Poussée

A Jacques Roussille.

Le manoir du passé croule de toutes parts
Effrité par le temps et meurtri par la foudre;
Nous, les fiers terrassiers, mettrons la flamme aux poudres
Pour faire sauter ces remparts.

Mes amis! il nous faut épauler le mur d'ombre,
Qu'il s'écroule à jamais au gouffre de clarté,
Les lettres ont aussi leur féodalité,
Ecrasons-la sous les décombres.

Il nous faut démasquer et vouer au mépris
Ceux qui n'ont de talent qu'en la plume des autres;
Tous les faux écrivains et les mauvais apôtres,
Nous les clouerons au pilori.

Tous ceux qui, par l'intrigue ont extorqué la gloire,
Tous ceux qui, jetant l'or, pour parfaire le poids,

Ont faussé la balance et renversé les lois,
Nous les livrerons à l'Histoire.

Au festin du soleil, nous voulons un rayon,
Car, après les tocsins et les saintes révoltes,
Il faut que le semeur soit celui qui récolte
Le blé qu'il jette en son sillon.

Oui, nous voulons, unis pour la grande poussée,
Déplacer le rocher obstruant le chemin,
Qu'on accueille les gueux qui frapperont, demain,
A la maison de la pensée.

Oui! nous la bâtirons d'orgueil et de granit,
Affirmant nos vouloirs, nos fois inébranlables,
Nous dresserons à l'Art un temple formidable,
Tour d'ivoire vers l'infini.

Debout! Le coq d'espoir, en la nuit qui s'achève,
Clame au matin vermeil la fin de tous vos maux:
« Ohé! vous, les forçats, vous, les maçons des mots,
Debout! les forgerons du rêve! »

« Ecce Homo »

Dans le coffret du souvenir,
Où dorment les bijoux antiques,
Je garde, parmi les reliques,
Le talisman de l'avenir.

Un médaillon d'or et de verre
Contenant quelques cheveux gris,
Que la Camarde n'a point pris...
Ce qui reste de toi, mon père.

C'est le seul souvenir vivant
Que j'ai pu soustraire à la terre,
Il a la force du mystère
Où tu vis mon rêve émouvant.

Depuis que tu dors dans la tombe,
Un peu de moi s'en est allé,
Et toi, dans mon cœur désolé,
Tu reviens lorsque le soir tombe.

Et c'est pourquoi, quand vient la nuit,
Je sens en moi gronder la force,
Ton souffle vient gonfler mon torse
Et me hanter quand le jour fuit.

Je suis le corps de nos deux âmes,
Moi la fougue, toi la bonté,
Attisant le feu de beauté
Au brasier de mon cœur en flammes.

Mon idéal, toujours nouveau,
S'enrichit des grandes idées
De nos deux âmes possédées,
En la forge de mon cerveau.

Et nos lourds marteaux, sur l'enclume,
Unissent à grands coups les mots.
Hier l'enfant, *Ecce homo*,
C'est ton grand cœur qui se rallume.

Et c'est dans ce chaos d'enfer,
Au rythme du feu, balancées,
Que les titans de ma pensée
Ont forgé ces strophes de fer.

Paris, 1907.

BIBLIOTHÈQUE NATIONALE R.F. IMPRIMÉS

TABLE DES MATIÈRES

BIBLIOTHÈQUE NATIONALE R.F. IMPRIMÉS

Le Poète

A. BELVAL-DELAHAYE

devant la Presse

et les

Artistes Contemporains

OPINIONS

JEAN RICHEPIN, de l'Académie Française.

23 Avril 1908.

Mon cher confrère,

Tardifs (non par ma faute), mes remerciements vous diront quand même la grande joie donnée par votre belle et si enthousiaste lettre. Je suis, d'ailleurs votre débiteur encore pour des vers gonflés de sève et jetant du feu. C'est avec une double reconnaissance que je vous serre la main, cher poète, en vous priant de croire à mes meilleurs sentiments.

Jean RICHEPIN.

3 Juin 1910.

Mon cher poète,

Excusez je vous prie, le retard de ma réponse : je suis pris dans des remous de voyages et de besognes où se noient tous mes loisirs. Il va de soi, au reste, que je vous autorise à publier cette ancienne lettre. Elle ne dit même pas assez tout le bien que je pense de vous, de votre belle fougue lyrique, de votre ardente chevauchée à travers les mots, les idées, les images. Vous avez bien voulu écrire, à plusieurs reprises, que j'étais un de ceux qui ont sonné la diane en votre cœur de poète : j'en suis fier et j'ai plaisir à le crier.

Bien affectueusement à vous.

(Correspondance). Jean RICHEPIN.

⁂

EDMOND HARAUCOURT.

. . . .

J'aime votre talent vigoureux et fougueux. Je vous remercie de votre sympathie et du poème ami que vous avez bien voulu m'envoyer. Je l'ai lu avec d'autant plus d'intérêt que nous avons traité le même sujet ou peu s'en faut. En effet, le tableau de Gérôme dont vous vous êtes inspiré, avait été inspiré à ce maître par une pièce de moi ; il l'avait entendue à la fin d'un banquet de son atelier, voilà bien vingt ans, hélas, — et elle nous avait faits amis. Par la suite, ce petit poème intitulé « **La Mort des Rois** » parut dans « **L'Ame nue** ».

. . . .

(Correspondance).

⁂

PIERRE LOTI, de l'Académie Française.

Trouve très beau le sonnet « **Métempsycose** » qu'a bien voulu lui dédier **M. Belval-Delahaye** et adresse ses remerciements et ses félicitations au jeune poète de « **La Chanson du bronze** » dont les débuts sont si pleins de promesses. Mille compliments et un grand merci.

(Correspondance).

⁂

J.-H. ROSNY AINÉ, de l'Académie Goncourt.

Mon cher poète,

J'aime et j'admire votre **Chanson du bronze.** Elle élève, sur les champs et sur les cités symboliques de l'Art, une voix puissante, émouvante et profonde ; elle annonce aux hommes un poète nouveau plein de vie et de sève, elle invite au bon combat les découragés et les faibles, elle offre à tous le magnifique réconfort de la beauté.

A vous de grand cœur,
J.-H. ROSNY, Aîné.

(Correspondance).

❧ ❧ ❧

MORIZOT-THIBAULT, de l'Institut.

. . . .

Je viens de terminer la lecture de « **La Chanson du bronze** » et je suis heureux de vous dire combien j'ai été charmé par cette poésie douce et grave et à la fois brillante et forte. Vous avez entre les mains un superbe instrument dont vous saurez tirer des merveilles.

. . . .

(Correspondance).

❧ ❧ ❧

PAUL DOUMER.

CHAMBRE
DES DEPUTES

29 Février 1908.

—

Tous mes remerciements, cher Monsieur, pour votre bonne lettre et pour l'envoi de votre livre. Je viens d'en lire quelques pages qui sont fort belles et je vous en félicite.

Bon courage et grand succès je vous souhaite.

Votre bien dévoué,
Paul DOUMER.

(Correspondance).

❧ ❧ ❧

FREDERIC MISTRAL.

Maillanes, 1er Mars 1908.

Mon cher Poète,

La Chanson du bronze fort bien nommée et figurée par la bacchante qui rugit sur la couverture, est une véhémence de jeunesse qui révèle une ébullition et une fièvre. Vous vous apaiserez un jour, mais il n'est pas mauvais d'avoir un excès de sève ; il est plus facile d'émonder l'arbre que de lui ajouter des branches. Je vous envoie donc toutes mes félicitations.

Frédéric MISTRAL.

(Correspondance).

⁂

ALBERT GIRAUD.

Mon cher confrère,

Je viens de faire votre connaissance et de lire vos poèmes. Ce que j'apprends de votre vie vous rend très sympathique à mes yeux. Je vous l'écris simplement, sans phrases, avec la bonne poignée de main que l'on réserve à quelqu'un que l'on tient pour un **homme.** Vos poèmes aussi me sont sympathiques. Et tout d'abord, — et c'est l'essentiel — que vous soyiez un poète **né,** cela n'est pas douteux pour moi. Vous avez le don, l'imagination et le souffle. Et je savoure chez vous des bonheurs d'expression dont peut-être vous ne vous doutez pas. Ce sont les meilleurs ! Et puis, vous savez ce que c'est qu'un vers, une strophe. Comme tous les vrais poètes, vous avez un métier naturel et spontané.

Veuillez croire, mon cher poète, à ma sympathie profonde et à ma reconnaissance.

Albert GIRAUD.

(Correspondance).

⁂

EMILE VERHAEREN.

Mon cher poète,

Votre **Chanson du bronze** est d'un beau métal qui tonne et sonne. Parfois un large frémissement gagne les strophes et c'est alors que votre rythme émeut vraiment. Et puis, la belle générosité qui vous anime et comme vous parlez en maître. Merci.

Très à vous,

(Correspondance). Emile VERHAEREN.

LEON DIERX.

. . . .

Avec tous ses bien vifs remerciements pour l'aimable envoi et pour le plaisir pris à la lecture de vers excellents de souffle et de belle ardeur.

. . . .

(Correspondance).

❦ ❦

LAURENT TAILHADE.

J'ai reçu, mon cher confrère, votre beau volume de vers « **La Chanson du bronze** » dont je vous remercie et vous complimente. J'estime particulièrement louable cette bataille que vous menez en faveur du vers traditionnel, trop longtemps réduit à l'état colloïdal par les soi-disant poètes des écoles verlibristes. Si je ne prends aucune part aux réunions des « LOUPS », c'est que la chose m'est absolument impossible. En revanche, vous me trouverez chez moi les Dimanche matin où je serais tout à fait heureux de vous recevoir, ainsi que le mérite un noble poète tel que vous.

Mes deux mains,
Laurent TAILHADE.

(Correspondance).

❦ ❦ ❦

GUY DE CASSAGNAC.

. . . .

Si mon âme de croyant ne peut souscrire au **Te Deum de la Gloire**, du moins je veux vous dire que **le Poète et l'Abîme, la Garde au Drapeau** et **Terre Natale** m'ont rempli d'une très rare et très noble émotion. Et, par dessus tout ce dont je vous fais compliment c'est d'avoir dénoncé tous ces ratés sonores, tous ces fœtus de l'Art, conservés dans l'Absinthe, tous ces syndiqués de l'admiration mutuelle qui barrent la route aux vrais talents et aux initiatives généreuses. Pour cela, Monsieur, vous avez droit à la gratitude de tous les bons Français...

. . . .

(Correspondance).

JEAN RAMEAU.

Vos cloches sonnent bellement. C'est mieux que du bronze, parfois c'est de l'or et du plus pur. Je ne déteste pas non plus certains bruits de fer qui éclatent au tournant de quelques pages. Bravo et merci !

(Correspondance).

❧ ❧ ❧

EUGENE LE MOUEL.

J'ai lu « **La Chanson du Bronze** », mon cher confrère, et je suis enchanté de vos vers fiers et vibrants. Je n'aime guère les coupeurs de cheveux en quatre, les compliqués, les efféminés qui sont mièvres parce qu'ils sont impuissants. Vous, vous avez du sang au moins. Votre cœur est chaud, votre voix est sonore et cela me plaît !

Et moi qui crois au prolongement mystérieux de l'âme des morts dans l'âme des vivants, j'ai été touché par la piété filiale qui vous inspira au commencement et à la fin de votre livre. Je vous félicite bien vivement et vous envoie mon plus cordial souvenir.

Eugène LE MOUEL.

(Correspondance).

❧ ❧ ❧

MAURICE BOUKAY (Ch.-Couyba).

Adresse à **M. Belval-Delahaye** ses remerciements et ses compliments les plus distingués pour les strophes héroïques de « **La Chanson du Bronze** » et le « **Chœur géant des aquilons** ».

(Correspondance).

❧ ❧ ❧

AUGUSTE DORCHAIN.

Un esprit de révolte soulève, — « ces cloches de bronze » — mais de révolte légitime et généreuse, faite d'indignation, d'enthousiasme et d'amour. Une sorte d'allégresse héroïque en est la note dominante.

Le poète s'élance, au pas de charge, à la conquête de la grand'ville, au renversement de ces bastilles d'égoïsme, de misère et de faim ; et il rêve d'y planter le drapeau de la délivrance et de la gloire, au son des cloches qui sonneront alors le **Te Deum.**

. . . .

(LES ANNALES POLITIQUES ET LITTERAIRES).

⁂

EMILE BLÉMONT.

. . . .

Que de belles et nobles pages ! que de délicieuses harmonies ! que de vers généreux !

Je viens de relire encore **Angélus d'Artois, le Manoir enchanté, la Vierge à la Source, la Garde au drapeau** (digne en tous points du magnifique artiste que fut **Hérédia**), **le Te Deum de la Gloire** ou vous dites « L'homme a toujours besoin d'aimer », **le Sonnet pour Elle** (d'une passion si pure) et ce **Tocsin d'Art** où vous avez bien voulu mettre mon nom et où vibre éperdument une âme de poésie et de liberté...... Merci de tout cœur, et laissez-moi vous féliciter, je retrouve chez vous, à souhait, non seulement « **la Chanson du bronze** », mais toutes les voix de notre chère nature française.

. . . .

(**Correspondance**).

⁂

J.-ERNEST-CHARLES.

......l'éloquence ardente, vibrante et un peu abondante de **A. Belval-Delahaye** qui fit résonner fièrement « **La Chanson du Bronze** ».

(LA GRANDE REVUE).

⁂

HAN RYNER.

20 Juin 1908.

Mon cher ami,

(car j'aime profondément l'ardeur de votre âme et de [votre esprit).

Je tiens à vous dire que votre lettre m'est allée au cœur et que vous êtes de ceux dont la sincérité réchauffe et réconforte.

Vous êtes un feu magnifique, mon cher Belval-Delahaye, et les quelques-uns qui aiment la lumière comprendront qu'il faut, pour l'édification et pour la joie de tous, vous porter sur la montagne.

Vous êtes la voix puissante dont nous avions besoin pour proclamer combattivement nos vérités et les sincères seront heureux de faire tout leur possible pour amener la foule vous entendre.

Mon amitié émue.

(Correspondance). HAN RYNER.

❦ ❦ ❦

DUCHESSE DE ROHAN.

J'ai lu vos beaux vers, mon cher poète, avec une grande admiration ; ils charment mes heures de voyage, bercent mes rêves et me donnent d'exquises impressions de nature, d'art et de sentiments profonds.

(Correspondance).

❦ ❦ ❦

MASSON-FORESTIER.

Mille mercis de votre gracieux envoi. Il y a encore des jeunes gens ardents et patriotes, c'est-à-dire aimant leur terre natale. Je suis enchanté de savoir que La Ferté-Milon produit encore des amis des lettres qui s'inspirent d'elle.

(Correspondance).

❦ ❦ ❦

P. N. ROINARD.

« D'airain pour résister, de verre pour pleurer. »

V. H.

Mon cher poète,

Je vous remercie de votre livre enthousiaste et audacieux et si j'évoque plus haut le « verre » c'est que nous y bûmes du bronze doré patiné d'eau.

Et vos « vers » (pour parler comme à la terrasse) renferment des liqueurs chaleureuses qui ne peuvent que plaire à mon estomac dilaté. On doit vous admirer car vous avez la foi, « la bonne foi qui ne marche qu'en avant ». Vos poèmes rauques et véhéments se brochent de fleurs violentes.

Enfin recevez tous les hommages dus à la force, de la part d'un homme qui en a encore.

Votre cordial,

(Correspondance). P. N. ROINARD.

⁂

CHARLES-THEOPHILE FERET.

. . . .

Malgré toute votre fougue, vous avez l'art de frapper des vers très classiques, définitifs et aussi inoubliables que tels vers obsesseurs des Maîtres. Ma génération prise, plus volontiers que la vôtre, ce mérite des fermes contours. Le régionaliste que je suis relut deux fois votre sonnet « **A la gloire de l'Aisne** ». Je pensais à ces vers en lisant l'étude récente de **Masson-Forestier** sur **Racine** (dont le grand père venait de La Feuillée dans le Cotentin). Je les relis encore et je crois que vous n'avez rien fait de mieux, car vous y avez su discipliner votre force. Quelle allure !

Je comprends très bien maintenant les magnifiques espérances que d'aucuns fondent sur vous.

. . . .

(Correspondance).

⁂

LEON BOCQUET.

. . . .

M. Belval-Delahaye est né à La Ferté-Milon comme **Racine** qui fut considéré par certains comme le premier des Romantiques. M. Belval-Delahaye serait le dernier. Il y a longtemps qu'on a connu, parmi les gens de lettres, un enthousiasme aussi exubérant et aussi foncièrement juvénile, une luxuriance d'imagination et une fanfare verbale aussi éclatante et sonore que ceux que manifeste aujourd'hui l'auteur de **La Chanson du Bronze.**

. . . .

(Le Beffroi).

PHILEAS LEBESGUE.

. . . .

Dès le premier jour, en ouvrant au hasard « **La Chanson du Bronze** » quelque chose comme les fortes brises de Mars, annonciatrices de printemps et de sèves renaissantes m'avaient fouetté le visage. Et je m'étais dit : Cela vaut d'attendre un loisir favorable ; cela vaut d'être attentivement et longuement respiré. J'ai donc voulu savourer une à une chacune de vos pièces et me rajeunir au souffle généreux de leur bel enthousiasme. Oh ! la saine, franche et vigoureuse poésie, les bonnes rimes sonores qui, par delà **La Fontaine** et **Jean Richepin**, — deux compatriotes, n'est-ce-pas ? — continuent la vraie, la profonde tradition française !

. . . .

(Correspondance).

❦ ❦ ❦

PAUL MATHIEX

. . . .

La résignation ne saurait courber **M. A. Belval-Delahaye** ; il invective et il brave ; la colère et l'indignation lui arrachent des cris de révolte ; il réunit ses imprécations et ses invectives sous ce titre : « **La Chanson du Bronze** » ; et du bronze, ses vers ont le rythme sonore et le long frémissement.

. . . .

(La Presse).

❦ ❦ ❦

J.-P. SABATIER.

. . . .

Le poète croit aux réincarnations successives ; son imagination ardente revoit, au passé, les jours de splendeur évanouie ; tout l'Orient avec ses soirs de magie évocatrice tient dans ses vers où l'harmonie semble un encens précieux qui flotte sur les strophes comme des écharpes de bayadères. Le poète incarne l'âme du révolutionnaire d'art ; il convie la jeunesse aux luttes d'où l'on sort vainqueur ou les reins brisés... certains de ces poèmes sont de véritables ruées épiques, tel ce **Deum de la Gloire** qui rappelle si bien le **Jean Richepin** des **Blasphêmes**... Retenons le nom de **M. Belval-Delahaye**, qui, malgré sa véhémence de langage et son franc-parler, n'a que des amis en littérature : les jeunes parce qu'il leur prête spontanément le fier appui de sa bonne plume, — les vieux, parce qu'ils doivent être heureux, malgré tout, de songer que la Poésie n'est pas morte et qu'elle ne mourra pas.

. . . .

(Le Dauphinois de Paris).

❦ ❦ ❦

RENE JACQUET.

. . . .

. . . vous nous emportez, ô cyclone, au delà du bon et du mauvais goût, par dessus même quelques ravins sans fond dissimulés sous de beaux mots trompeurs. Merci d'avoir pu m'étourdir à cette fanfare ultra-romantique, aux gestes sanguins, rutilante et sincère.

. . . .

(Les Entretiens Idéalistes).

❦ ❦ ❦

PIERRE DE BOUCHAUD.

. . . .

Je vous remercie de l'envoi de vos beaux vers qui m'ont fait plaisir par leur noble sincérité. J'ai été particulièrement ému par les poèmes dédiés à votre père au début et à la fin de ce livre dont il aurait été fier.

Je vous complimente de tout mon cœur d'avoir ainsi le respect de la famille à une époque où l'individualisme sépare brutalement l'âme des enfants du cœur des parents.

. . . .

(Correspondance).

❦ ❦ ❦

JEAN OTT.

La vie est une dépense d'énergie, et au demeurant, quelque soit le but, il faut toujours la force ; et c'est pourquoi les apôtres préféraient prêcher les barbares.

Donc notre poète est un peu de ces barbares : il a dans les yeux des visions de villes qui brûlent. Est-ce un souvenir ? Est-ce un espoir ? Il paraît toujours armé de pieds en cap, l'épée haute et prêt aux chevauchées ; il frappe du pied la terre, comme un cheval impatient de bondir. On ne dirait pas qu'il a souffert, ni qu'il a sacrifié pour son art une vie qui s'annonçait banalement facile ; il n'a gardé de ses souffrances que des images, et de sa faim que des métaphores. Il est avant tout celui qui se nourrit d'illusions, comme le prince des contes se nourrissait de pétales de lis et d'ailes d'abeilles, et même au temps les plus amers, il habitait le palais de ses rêves. Je pense à ces peintres qui, ayant froid, dessinent sur les murs nus des cheminées flambantes et s'y réchauffent, tendant les mains ; il y a toujours eu chez lui des galeries de strophes et des trophées d'adjectifs. Le chevalier gardait contre toute chose sa bonne épée, notre poète garde contre toute traverse son imagination. Vous ne devez donc point espérer dans son œuvre de petits détails minutieusement rendus, avec des patiences de photographe : il déforme, il agrandit, et nous savons que c'est le fond du lyrisme.

Ne vous attendez pas à entrer dans la petite maison commode, où fourmillent les jolis riens ; vous êtes dans un château-fort pleins d'armures, hanté de voix fantastiques. Ne craignez rien ; ce ne sont point de petits corridors, ce sont des vestibules immenses et **l'Ode aux Morts** a l'envergure d'un péristyle, dont les dalles mortuaires seraient soulevées par des fantômes. **(La Revue Septentrionale).**

❧ ❧ ❧

PAUL DACIER.

Et **l'Ode des Conquérants de l'Art** et le **Te Deum de la Gloire** sont autant de cris d'alarme, en autant de beaux vers qui sont si bien de la vieille tradition française, qu'ils semblent nous rappeler les vers fameux **d'Agrippa d'Aubigné** reprochant son abjuration à Henri IV :

......Quand l'acier de mes vers
Burinait votre honte aux yeux de l'univers.

A. Belval-Delahaye est de la race ; sa fougue, c'est la fureur antique des Celtes, c'est la vieille **furia francese.**

La Chanson du Bronze est une révélation, il faut lire ce volume d'un bout à l'autre, il faut le relire, il faut l'apprendre pour le « **gueuler** » !

. . . .

(Le Septentrional de Paris).

⁂

EMILE GUERINON.

. . . .

Vos vers sont de métal noble et bien forgés, tumultueux d'action, claironnants et sonores ; ils m'ont produit l'impression forte de trompettes déchirant la paix du matin, d'un nocturnal tocsin secouant les activités endormies, c'est de la poésie, de la vraie, de celle qui console des médiocrates et des rhétoriciens boursouflés.

Vous êtes sur le bon chemin, vous avez l'élan, je dirai presque la foi qui fait accomplir les grands gestes.

. . . .

(Correspondance).

⁂

ANDRE JURENIL.

. . . .

Depuis les « **Blasphèmes** » de **Richepin,** on a peu vu de stances aussi enflammées et au mouvement aussi hardi ; on a peu vu de métaphores aussi exaltées dont l'allure rappelle les cavales aux crinières toujours agitées. **A. Belval-Delahaye,** aventureux « **tailleur d'étoiles** » a prouvé qu'il est secoué par une rare effervescence lyrique, d'où jaillissent des visions fulgurantes. Et l'on peut attendre, avec une confiance curieuse, les œuvres futures de ce septentrional de belle santé qui semble avoir « les doubles muscles » d'un méridional enthousiaste et grisé de soleil.

. . . .

(La Vie Valenciennoise).

⁂

ANDRE COLOMER.

. . . .

Belval-Delahaye, fils de boucher, boucher lui-même pendant son adolescence et une partie de sa jeunesse est devenu poète, et il taille dans le verbe avec le même entrain que ses ancêtres et lui-même taillèrent dans la chair des bêtes, et il en jaillit des flots d'alexandrins rouges comme du sang... Ce ne sont pas les gueux du trimard de son maître **Jean Richepin**, ni les gueux minables et mystiques des pavés de **Jehan Rictus**, ni les vagabonds d'un **Maxime Gorki**, il chante les « **gueux des lettres et des arts** », les beaux illuminés d'Idéal qu'écrase la vie pratique et sociale, toute la horde famélique et orgueilleuse de ceux qui ne veulent pas laisser s'éteindre la flamme qui luit dans leurs cerveaux. C'est pour eux que l'auteur de « **La Chanson du bronze** » sonne le tocsin d'art.

. . . .

(Le Périgourdin de Paris).

⁂

RAYMOND CHRISTOFLOUR. . . .

. . . .

Belval-Delahaye sectaire en art et en littérature fait partie du groupe « Visionnaire ». Mais avant tout, il me paraît être un romantique héritier des dons lyriques et surtout épiques de **Victor Hugo** et de **Jean Richepin**. Evocateur des temps gothiques, il transplante, dans notre siècle, l'âme farouche d'un « Jacques » du moyen-âge ; âme de révolté brutal et sauvage, mais âme aussi de conquérant audacieux et hautain qui s'énivre du cliquetis des épées, des larges chevauchées et des nuits sanglantes, poète de la misère, chantre des gueux et sonneur de tocsins. Ses vers ont une sonorité d'airain ou d'acier et le souffle de son enthousiasme atteint parfois une très grande puissance.

. . . .

(Toutes les Lyres).

⁂

LES LIVRES.

. . . .

Tout de suite, par la facture sobre et puissante de ses vers, son goût très sûr et l'élégance de son style **M. A. Belval-Delahaye** a su se faire une place à part dans la multitude de jeunes qui semblent, en général, trop disposés à confondre la profondeur avec l'obscurité et veulent s'imposer à l'admiration de leurs contemporains en se faisant incompréhensibles. Le recueil de M. Belval-Delahaye n'a pas besoin, comme beaucoup d'autres, d'être relu pour être compris mais le sera maintes fois par plaisir ; c'est le plus bel éloge qu'on puisse en faire.

. . . .

(L'Echo Dramatique).

⁂

PAUL DEMARQUET.

. . . .

Retenu ces phrases de **M. Charles Fuster** au cours d'une conférence sur « **La Vie à travers les livres** » à la Maison des Arts : « En lisant les vers de ce très beau livre, j'ai cru entendre le rugissement d'un lion au seuil du désert de la vie. C'est, d'autre part, si lumineux, si sonore et si harmonieux tout à la fois que, cherchant un terme de comparaison pour fixer ma pensée en images, je ne puis m'empêcher de songer au grand peintre visionnaire que fut **Eugène Delacroix.** C'est la même orgie de couleurs, la même folie d'art exalté qui me montre le peintre tenant en main sa palette chargée et débordante et délaissant le pinceau pour le couteau qui plaquait les couleurs sur la toile dans un geste créateur ».

. . . .

(La Revue Septentrionale).

⁂

CHARLES DORNIER.

. . . .

M. Belval-Delahaye, dans notre siècle d'analyse et de subtilité, est un romantique ardent, enthousiaste, éclatant. Il se lance dans la mêlée littéraire avec toute la vaillance d'un chevalier de l'Idéal. Tout ce qui est grand, noble et vraiment humain l'inspire. En revanche, il a une fière haine de tout ce qui est lâche, bas et honteux. Peu de poètes seraient capables, comme lui, de chevaucher du même galop rythmé la grande strophe lyrique. Il a le mouvement large, puissant, le vol sûr, altier et soutenu. Son **Te Deum de la Gloire** atteint les sommets où doit planer la grande Ode. Cette **Chanson du bronze** vibre loin et longtemps.

(La Revue Idéaliste).

⁂

J. JEANGOUT.

Belval-Delahaye aime à draper son Rêve de velours somptueux. Il a le culte du style truculent ; sa Muse puissante, populaire est une forte fille bien campée qu'il habille, souvent même avec la magnificence d'un radjah. Au demeurant, il a les défauts et les qualités romantiques, avec des accents d'enfant du peuple ; il aime et vénère **Richepin**, son maître vivant et doit avoir pour livres de chevet « **Le Chemineau** » et « **La Chanson des Gueux** ». « **La Chanson du bronze** » qu'il faisait paraître dernièrement l'égale aux maîtres du verbe. On croit entendre, dans chacun des vers de cette œuvre, sonner le battant de la cloche qui, selon lui, annonce au peuple l'arrivée des Temps nouveaux sur les débris d'une époque écroulée à jamais.

(L'Action Luxembourgeoise).

⁂

LOUIS LEMAS.

Le bronze chante les espoirs des hommes et l'orgueil de la race ; la cloche sonne à toute volée le tocsin d'art, l'appel au drapeau, le ralliement pour le combat prochain et le Te Deum de victoire. Tantôt triste, tantôt brutale, tantôt légère, la cloche célèbre l'idéal de la Beauté sur des rythmes purs. En de magnifiques envolées lyriques **Belval-Delahaye** répand à profusion des paroles d'espoir à tous les gueux de lettres, à tous les forçats des mots, à tous les forgerons du Rêve. C'est un des rares poètes contemporains qui, dans un style imagé, vibrant et puissant, exprime des idées nouvelles ; ses larges conceptions d'art, sa foi dans l'avenir des lettres, sa haine des arrivistes et des plagiaires, sa probité artistique, tout cela fait de lui un écrivain original, digne d'un plus grand siècle.

. . . .

(**La France littéraire**).

⁂

EMILE JOUVENEL.

. . . .

A. Belval-Delahaye, poète de « **La Chanson du Bronze** » et pamphlétaire d'Art a été porté à la direction du journal d'action d'Art « LES LOUPS » par les suffrages de toute une jeunesse véhémente. C'est un hugolâtre enragé, un barbare, un romantique attardé qui séduit quand même par sa franchise claironnante. Nul doute que, dans la littérature contemporaine, son nom ne reste comme le symbole d'une résurrection d'art sincère après les « tartines » écœurantes des **Décadents** et du **Symbolisme**.

(LE REPUBLICAIN DE LEVALLOIS).

⁂

MICHEL ABADIE.

Sur la route rocailleuse de l'Art, voici un nouveau poète qui apparaît. Il chemine droit devant lui avec noblesse et fierté en véritable chemineau du Rêve, ses haillons resplendissants nous l'ont déjà dénoncé comme un romantique attardé parmi nous. Il ne cache d'ailleurs ni ses origines, ni ses affections. **Hugo, Musset, Vigny** sont ses maîtres et ses dieux.

... Toujours est-il qu'il a du sang de **Richepin** dans les veines. Il maîtrise avec peine, semble-t-il, la fougue puissante du Pégase qu'il chevauche pour la joie de ceux qui aiment encore les beaux vers sonores, bien frappés, de forme essentiellement classique.

. . . .

(LES TABLETTES).

J.J. VAN DOOREN.

Un beau souffle de jeunesse traverse « **La Chanson du bronze** ». **M. Belval-Delahaye** est de la race de tous ces « claquepatins » géniaux qui ont nom **Villon, Rimbaud, Verlaine.** Il fréquente les fidèles fervents de la « Butte Sacrée ». Tel poème composé aux « Quat'-Z'Arts » le prouve et son premier ouvrage contient plus que des promesses. Il y a en **M. Belval-Delahaye** un grand cœur qui vibre et qui, tout plein de nobles sentiments, sait aussi s'émouvoir aux rêveries sentimentales et aux douces ivresses de l'amour. Il y aura bientôt, en lui, je l'espère, un grand poète ! J'attends ses œuvres prochaines avec la plus vive impatience et je salue, de loin, ce frère en les grands songes de l'Art-Roi...

(L'Echo du Luxembourg).

✿ ✿ ✿

UN GUEUX DE LETTRES.

Et c'est une joie de l'entendre crier sa foi dans l'art, sa haine des arrivés injustement, son amour de tous ceux qui ont lutté, au contraire : « **Car je n'aime, aime-t-il à dire que ceux que la vie a rudoyés et meurtris, ceux qui sont fils de leurs œuvres, et qui s'en sont allés droit devant eux, en Chemineaux du Rêve, avec l'espoir en leur étoile.** »

(Le Fanion).

✿ ✿ ✿

EMILE LANGLADE.

Nous apprécions le mérite de plus d'un morceau qu'on sent écrit avec toute la fougue de la jeunesse, toute la sincérité, toute la conviction d'un poète qui pour la première fois, la tête haute et les cheveux en arrière, chante.......

(La Nouvelle Presse).

J.-P. DEBUSSY.

La puissance du verbe s'affirme avec hauteur. Avez-vous lu depuis les romantiques des vers aussi bien martelés, trouverez-vous autre part que dans **Hugo et Leconte de l'Isle** dont il me paraît se rapprocher, semblable richesse d'images et continuité de souffle, car il y a des poèmes de deux cents vers chevauchant en parfaite allure. On y sent d'ailleurs un vrai tempérament de poète et un souci d'art profond qui est d'une âme probe et d'un cœur généreux.

(L'Avenir de l'Aisne).

⁂

LES ŒUVRES DE CE TEMPS.

M. A. Belval-Delahaye est un poète de bonne race. Les vers de sa « **Chanson du Bronze** » sont coulés dans l'airain pur des mots sonores.

(La Revue Méridionale).
Carcassonne.

⁂

ALCANTER DE BRAHM.

Je serai donc discret, temporairement ; mais cela ne m'interdit pas de penser que le métal sur lequel se choquent vos rythmes a des sonorités qui retiendront sans doute, l'attention de ceux qui vous liront ; que votre pensée est trop près de notre humanité dont elle traduit les clameurs, les détresses et les espoirs, pour ne pas être tenue en belle estime par vos pairs, et qu'enfin vous m'avez fait grand plaisir.

(Correspondance).

⁂

EDJI-TRICOT.

Dans la petite salle — historique, à présent, puisque la voici démolie, transformée — du Cabaret des **Quat'-z'Arts**, le bon poète **Edouard Bernaërt,** ennemi intime de **Léon Bloy**, me présenta, voici cinq ans bientôt, son camarade **Belval-Delahaye.** Large d'épaules, le vaste feutre en bataille, la face de reître aux yeux éclairés d'orgueil et la voix grondante, il m'apparut tout de suite comme un oublié d'un autre âge — celui des enthousiasmes et des beaux gestes. Et pour cela même, j'allai à lui.

.... Il prône haut l'indépendance de l'homme de lettres, et entend à cette heure se servir de sa plume comme d'une rapière.

..... **Les Gueux de lettres,** ce groupe si intéressant de véritables poètes n'ont pas de plus fervent apôtre que lui.

(La Rénovation morale).

❧ ❧ ❧

ROBERT DE LA VILLEHERVE.

Vous vivez un beau rêve et vos vers le traduisent avec la force et l'éclat qu'il faut, si bien qu'il ne me semble point qu'aucune magie ne nous les rendrait plus intégralement. **L'Ode des Conquérants de l'Art** m'a ravi, mais vous ne savez point seulement vous vêtir de glorieuses cuirasses, clamer le cri de guerre contre les pleutres, et exalter la Gloire et la Poésie, et je reviendrai plus d'une fois, en reprenant votre livre, à ce délicieux **Angélus d'Artois** on s'évoque tout le doux paysage de votre terre natale.

(Correspondance).

❧ ❧ ❧

J.-L. FREYRE.

Ces vers sonnent comme des épées sur des armures ; ces vers chantent comme ceux d'un **Leconte de l'Isle** : la pensée est incluse dans la strophe et rivée avec de l'or ; c'est plus vivant encore, plus près de notre humanité, de la génération qui marque le pas et qui rêve de se jeter à son tour dans la lutte.

(Le Savoyard de Paris).

FLORENT DERIEUX.

. . . .

A preuve, parmi les jeunes qui s'affirment. . . . . à **Belval-Delahaye,** l'imagination embrasée, catapultueuse qui chevauche les métaphores rutilantes et prend l'essor vers l'image flamboyante !

. . . .

(La Revue Septentrionale).

⁂

GEORGES SIMON-SAVIGNY.

. . . .

Il y a dans « **La Chanson du Bronze** » un souffle puissant. Le vers est à la fois harmonieux et sonore et l'on peut dire de certains poèmes qu'ils sonnent véritablement comme les coups de tocsin du bourdon de quelque cathédrale. D'ailleurs, cela n'exclut pas, de la part de l'auteur, une heureuse harmonie et ne l'empêche nullement de quitter parfois « son cheval de bataille » pour se reposer au bord de quelque source dont il sait décrire le charme. Il est certain que **M. Belval-Delahaye** a un bon tempérament de poète, il est certain que son nom comptera parmi ceux des auteurs de demain. Son vers, bien rythmé, bien cadencé est d'un maître ouvrier.

. . . .

(L'Hexagramme).

⁂

MARIO PUCCINI.

. . . .

A. Belval-Delahaye, poète au talent mûr rassemble les forces les meilleures de son esprit pour lancer le grondement qu'il veut donner et faire entendre le robuste tocsin du bronze et la clameur assourdissante des plus grandes voix. **Jean Richepin** a fait école et le **Romantisme** a continué à rassembler les âmes sonores qui, à la puissance de la Pensée, joignent la véhémence de l'expression. A. Belval-Delahaye, le poète méditatif et hardi, le fascinant chanteur des cloches de bronze, a tiré de la lyre un accent de colère et, comme un barde inspiré, il a donné à sa poésie les violentes harmonies du bronze, frappant en plein bronze, tous les accents du cœur et de la passion.

. . . .

(Il Birichino),
Gesi. — Italie.

❦ ❦ ❦

LES POEMES.

. . . .

Nos poètes d'aujourd'hui sont pour la plupart les chantres délicats et mièvres de l'amour, et il semble bien qu'ils n'échappent point à cette épidémie de neurasthénie qui sévit dans la haute société française. Mais la muse de **M. Belval-Delahaye** n'est pas neurasthénique, ni émaciée. C'est une belle fille, aux hanches fortes et aux jarrets musclés, et qui chante mais ne pleure pas... Le volume entier laisse d'ailleurs une profonde impression d'art et de vie palpitante.

. . . .

(L'Echo de France).

❦ ❦ ❦

LEOPOLD GROS.

. . . .

Sachez tout d'abord que **Belval-Delahaye** est un grand poète, ce qui ne peut bien disposer la grande critique à son égard. Il a en lui l'âme d'un vrai romantique batailleur et nerveux, mais aussi capable d'un sentiment infiniment doux.

...En le lisant, j'ai songé à **Jean Richepin,** à bien des ombres chères pour qui l'injustice fut une douleur éternelle, à ces grands tragiques qui surent manier la plume comme un glaive ; je souhaite à **Belval-Delahaye** bonne route et tout au bout la récompense de son labeur et de son talent.

. . . .

(Béziers-Journal).

❦ ❦ ❦

GUSTAVE GASSER.

Les poèmes de **M. A. Belval-Delahaye** ne manquent jamais de souffle ; ils ne se rattachent à aucune école, mais restent classiques. Ils valent d'être sincèrement loués, tant pour la forme que pour leur inspiration, et je n'y manquerai pas, en apportant ma sympathie et mes félicitations à l'auteur, enthousiaste et ardent et dont toute l'âme jeune vibre pour les belles causes et les hautes idées. Lisez « **La Chanson du bronze** » et vous vous emballerez pour l'**Ode des Conquérants de l'Art**, pour **la Poussée**, pour **le Te Deum de la Gloire** qui rappellent les strophes de **Jean Richepin.**

(**La Bourgogne d'Or**).

⁂

AUGUSTE BARRAU.

Naturiste follement épris de son coin de terre, de tout ce qui fut familier à son enfance, mais amoureux aussi du passé, des vieilles ruines évocatrices des hauts faits d'armes des seigneurs de La Ferté-Milon, le poète de « **La Chanson du bronze** », M. Belval-Delahaye, en une langue harmonieuse et forte, louange bellement sa petite patrie.

...Et c'est bien encore une chanson de bronze que ce **Te Deum de la Gloire** où, à toute volée, le métal des mots résonne sous le battant des révoltés contre les trafiquants de l'Art, de la Foi et de la Liberté.

(**La Démocratie Vendéenne**).

⁂

G.-A. DELATOUR.

. . . . son Pégase renacle, se cabre et franchit l'obstacle, et dans un galop d'enthousiasme, flamberge au vent, il crie à ses frères d'armes :

« En avant ! les fils du Soleil,
Gloire à l'Idée ! »

Je songe ici à **Jean Richepin**, dans « **l'Hallali** » des « **Blasphèmes** » ; c'est un peu cette fougue échevelée et c'est un peu la même truculence jeune et généreuse...

Son Rêve à la magnificence d'un radjah vêtu de velours somptueux rehaussé de pierreries..........

(L'Education Civique).

❦ ❦ ❦

ADJUTOR RIVARD.

Des fanfares et des éclairs, des cuivres et du soleil, des cris et des tocsins, des chants qui parfois sonnent superbement comme des appels de clairon, mais qui presque toujours veulent être extraordinairement nouveaux et trop souvent vont jusqu'à paraître barbares.

M. Belval-Delahaye s'efforce vers des harmonies étranges et des rythmes violents.

(Bulletin du Parler français au Canada),
Québec.

❦ ❦ ❦

JEAN VIOLETTE.

« **La Chanson du bronze** » est une œuvre sonore comme son titre.. Il y a du tempérament, de la fougue, du souffle et du muscle dans ces vers d'adolescents. Quand il chante son pays qui est la patrie de **Racine** et de **La Fontaine**, notre poète déploie une verve et une impétuosité de gascon. **M. Belval-Delahaye** est toujours impétueux, et comme les mots viennent dociles à l'appel de la pensée ou de la sensation, qu'il manie le verbe avec dextérité, je vous laisse à penser si les poèmes de « **La Chanson du bronze** » sont mouvementés, abondants, puissants et tonitruants. Il veut la gloire et pour l'obtenir, il prend l'armure, le heaume et la lance ; le voilà qui se rue en hurlant contre les vieilles générations, contre les réputations usurpées.

(L'Action Radicale).
Genève.

ERNEST BAUCHARD.

En le lisant, j'ai été amené à comparer l'auteur à un arbre débordant de sève et quelque peu touffu, ou à une source qui bouillonne et jaillit avec une extraordinaire impétuosité. **M. A. Belval-Delahaye** est né poète. Il a de la force, de la fougue, de l'entrain, de l'enthousiasme, du souffle, de l'élan.

...« **Poeta natus est nobis. Vatem Habemus** ». Un poète nous est né. Nous avons un poète ! pourrions-nous chanter à notre tour, dans les vieilles cathédrales, enfin ouvertes à la Vérité et à l'espoir humain, s'il y avait une liturgie laïque, le jour où nous célébrerions la Noël, la Nativité ou plutôt la Renaissance de l'Humanité.

(**Les Annales de la Jeunesse laïque**).

CH.-AUGUSTE VION.

A. Belval-Delahaye est un poète de race qui manie l'hyperbole avec une sûreté de plume qui déconcerte ; ses images sont toujours neuves et bien à lui. Il est de la lignée des grands barbares, nos aïeux, qui mettaient les villes à sac et les cathédrales au pillage. Sa barque remonte le courant du fleuve de la gloire à bonne allure et je ne doute pas qu'il arrive au cœur même de la capitale. Il y aura sous les murs de rudes batailles dont nous nous réjouissonc d'avance, car elles nous donneront l'occasion d'applaudir aux prouesses du jeune barde qui manie la plume comme un glaive.

(**Le Normand de Paris**).

PIERRE FOURCADE.

Quel carillonneur de rimes, quel prodigieux sonneur de tocsins ; oui, lecteurs, je dis prodigieux, car il passe dans l'œuvre de ce poète, le grand souffle épique que nous avons désappris, la rafale de lyrisme éperdu qui faisait vibrer les vers de nos grands aïeux romantiques.

(L'Avenir de l'Aisne).

❦❦❦

LES LIVRES.

A. Belval-Delahaye bat le rappel de l'enthousiasme et de l'énergie dans l'Art ; comme **Joseph Bara**, il frappe à coups redoublés sur son tambour, et, s'il tombe sous les balles (car il attaque tous les pontifes et tous les faux-artistes) ce sera en criant : « Vive la Poésie ! »

(Le Rappel).

DURAND D'ANGELIS.

M. Belval-Delahaye est un fougueux, un méridional du Nord ; sa Muse est bardée de fer et ses vers sonnent tel un tocsin de cloches ; il est esclave du Rythme.. c'est un romantique pur et si parfois il aborde des sujets un peu mièvres, il les traite d'une façon supérieure.

(Juvenia).

❦❦❦

PIERRE VANNEUR.

« **La Chanson du bronze** », le titre est heureux, car ces vers se distinguent par leur vibrante harmonie. Robustement travaillés, ils offrent beaucoup mieux qu'une œuvre de début ordinaire. La plupart des poèmes sont remarquables par la pensée comme par la forme, depuis l'**Ode aux Morts** et l'**Ode des Conquérants de l'Art**, jusqu'à la **Vision d'Orient** et **l'Ecce homo**. Une des plus belle pièce « **Terre natale** » célèbre le pays de **Racine, La Ferté-Millon.**

(Le Penseur).

ROBERT DE LA CHANTREVE.

. . . .

Depuis sa parution « **La Chanson du Bronze** » a eu un retentissement énorme. **M. Belval-Delahaye** s'est élevé en protestataire véhément contre la quincaillerie qui, de nos jours devient presque du grand art entre les mains habiles des chevaliers de la réclame. Et l'on a compris, un peu grâce à lui, que les orfèvres de mots creux et les façonniers d'urnes vides n'ont jamais rien eu de commun avec les poètes... **La Chanson du bronze** clame en accents rythmés le triomphe de la force ; mais elle chante aussi en harmonieux accords le règne éternel de la Beauté.

. . . .

(L'Indicateur général de Seine-et-Marne).

⁂

LYA BERGER.

. . . .

Le poète a deux amours au cœur : celui de son pays natal et celui de l'Art. Il les chante tour à tour avec des accents vibrants, retentissants comme le son du bronze des beffrois picards et flamands. Quelquefois aussi ses hymnes émus ont le frisson plus intime des carillons discrets. **M. Belval-Delahaye** a, pour l'Art, le culte noble et chevaleresque d'un paladin d'antan : il s'élève avec courage contre les félons et les flatteurs de ce suzerain et de « sa doulce dame » la Beauté. J'aime ce mâle orgueil d'un chevalier de la Chimère. Il faut, pour triompher, être confiant dans sa force.

. . . .

(La Française).

⁂

SEVERO PORTELA.

« **La Chanson du bronze** » est une réunion de vers où l'émotion s'adapte à l'art, lorsque celle-ci, large et profonde, ne dépasse pas celui-là. En lisant ces vers nous évoquons instinctivement **Baudelaire** quoique **A. Belval-Delahaye**, loin de nous donner la solution négative du poète des **Fleurs du Mal**, nous apparrait comme un helléniste par la forme rayonnante de la plupart de ses strophes ; le rythme et la richesse verbale définissent un tempérament supérieur d'artiste. « **La Chanson du bronze** » brille donc avec un rare éclat dans la phalange renaissante de l'Art français.

(O Libéral).
Lisbonne.

⁂

GABRIELLE REMY.

. . . .

O Manes de **Catulle Mendès !** la brutalité d'un trépas stupide vous devait la compensation d'une apparition rayonnante semblable à celle du **Manoir enchanté.** Une déesse plus belle que l'aurore, assise en une cathédrale d'ivoire, devrait vous remettre le cor sinistre de Roland, — ou le cor merveilleux de Lohengrin. Ce poème que vous avez lu est une pure fleur hiératiquepenchée sur un tombeau.

...Le poète féodal ne se défend pas de folies plus modernes quand disciple de Musset qu'il ne nomme pas, il récite avec une dévotion d'hystérique les litanies de la **Bacchante blonde aux yeux pervers,** l'Absinthe si chère encore à Verlaine, à Edgar Poë pour le frisson maléfique qu'elle fait courir dans les échines, pour les miroitements d'ivresse qu'elle allume dans les yeux, pour les gigantesques papillons noirs ou blancs qu'elle lâche sous les crânes en délire.

. . . .

(Le Carillon).
Ostende.

⁂

HAN RYNER.

. . . .

. . . . . . c'est **Belval-Delahaye,** tout rugissant de rumeurs de guerre, de sonneries de clairons, d'appels héroïques, tout ébranlé de visions de charges et d'assauts, tout illuminé d'incendies qui s'élargissent et qui montent. . . . . .

. . . .

(Les Loups).

FLORIAN PARMENTIER.

. . . .

Un souffle extraordinaire anime d'un bout à l'autre cette œuvre primesautière et robuste. Le lecteur se sent emporté par cette avalanche de rêves désordonnés, de rimes sonores, de métaphores hardies, de claironnées guerrières, de cris de révolte et de galops hallucinés.

. . . .

(**Le Valenciennois**).

⁂

EUGENE VERON.

. . . .

A. Belval-Delahaye, en effet, est fils direct de **Hugo** et de **Leconte de l'Isle** et dans la génération qui précède nous ne pouvons lui trouver comme parrain littéraire que **Jean Richepin** auquel il s'apparente par la fougue lyrique, le verbe épique qui souffle en ouragan sur la forêt des strophes qu'il anime d'une vie exubérante, enthousiaste et saine. Notre poète est un soldat de l'Idée, un cavalier qui charge ventre à terre, **une sorte de Murat** brandissant la plume et faisant claquer le drapeau au vent de l'épopée. Comme le hardi sabreur des randonnées impériales, il a le goût immodéré du panache et il aime à caracoler, il plastronne, mais son emphase même nous emporte, nous anime et nous entraîne derrière son état-major rutilant, chamarré où l'or du soleil vainqueur éclate parmi la gamme des dolmans aux couleurs chatoyantes. Et ce sont des fanfares, des cymbales, des cloches qui sonnent à toutes volées, des cliquetis d'acier et des défilés de sonnets rutilants comme des armures.

. . . .

(**Armée et Démocratie**).

⁂

MAURICE COUALLIER.

Rien de plus judicieux que le choix de ce titre « **La Chanson du Bronze** » ; car tous les poèmes de ce volume semblent coulés dans le métal sonore et dur dont on fait les cloches. Quelle que soit la variété des thèmes, on retrouve sans cesse au fond de l'orchestration, comme une sorte de **leit-motiv,** cette chanson lointaine des cloches ; angélus berceurs et mélancoliques, ou tocsins révoltés et furieux.....

..... Ce sont les sonorités éclatantes, les fanfares des cuivres et leurs équivalents dans la gamme des couleurs. Il aime la splendeur des couchants, allumant l'acier des armures, ou ruisselant à travers les verrières des manoirs et des cathédrales.

M. A. Belval-Delahaye unit à la foi ardente dans l'Art, une pitié sincère et profonde pour les meurtris et les deshérités de la vie ; et sa plume trouve pour chanter les uns et pour consoler les autres des accents d'un lyrisme vibrant qui lui font le plus grand honneur.

(**La Revue des Poètes**).

❧ ❧ ❧

HENRI GALOY.

A. Belval-Delahaye est là causant avec des amis, s'enflammant pour un mot, tonitruant pour une idée, avec ces grands gestes et cette fougue lyrique que vous lui connaissez tous. Qui connaît l'homme connaît son livre, le père et l'enfant sont étonnants de ressemblance.

« **La Chanson du Bronze** » c'est le chant de la jeunesse exaltée, c'est la carmagnole appelant les jeunes aux révolutions littéraires ; ce sont les blasphèmes des gueux de lettres, des parias et des révoltés de l'Art ; c'est le chœur des « va-nu-pieds du délire » ; c'est le bruit des marteaux des « forgerons du Rêve », sur « l'enclume de la pensée ».

(**Le Courrier Français**).

POL D'OSTREVENT.

. . . .

Les vers de **M. Belval-Delahaye** sonnent comme des galops furieux sur des routes sanglantes. On a l'impression en les lisant, de voir accourir les escadrons vengeurs qui doivent tout broyer sous leurs sabots. C'est comme un tocsin terrible et grandiose qui donne l'alarme aux souvenirs épars d'un passé de violence et de gloire.

..... Des livres comme celui de M. Belval-Delahaye sont réconfortants parce qu'ils sont virils et musculeux. Une telle véhémence ne peut manquer de ranimer les courages les plus abattus.

. . . .

(La Lanterne Toulousaine).

✻ ✻ ✻

ALBERT LOZEAU.

. . . .

Çà, c'est barbare comme sont barbares les « **Poèmes barbares** » du barbare **Leconte de l'Isle** ; si ce n'est pas d'aussi fine qualité, — l'impersonnalité farouche de Leconte de l'Isle n'admettait pas non plus cette fougue artistique......

..... A chaque page, il y a des vers à citer. Quel plaisir j'aurais à reproduire en entier **l'Ode des Conquérants de l'Art** d'un mouvement de troupe à l'assaut et d'une si noble pensée !

Je ne puis que recommander aux amis de l'Art « **La Chanson du Bronze** », ils y trouveront des poèmes d'un vrai souffle poétique, d'une inspiration haute et d'une belle langue.

(Le Canada).
Montréal.

✻ ✻ ✻

LES LIVRES.

A. Belval-Delahaye, paladin du Rêve, chemineau des Lettres, évoque par son verbe exalté et sa fougue lyrique les grandes figures romantiques ; et de l'avoir entendu « **claironner, tel sur un fumier d'aurore, un coq** » les vers magnifiques de son **Te Deum de la Gloire**, je songe à **Jean Richepin**, plus jeune, au poète des « **Blasphêmes** », à qui du reste cette pièce est dédiée. Avec des bardes aussi fervents, nous entendrons longtemps encore vibrer les cordes d'airain des grandes lyres, pour la satisfaction des vrais amis de la beauté et pour la gloire de la Poésie française.

. . . .

(Le XIXe Siècle).

⁂

GUY MARFAUX.

Dans ses vers, il essaie éternellement de faire entrer le maximum de pensée, de couleur et de sonorité... Il fut boucher... débardeur... employé de banque, camelot, commissionnaire, archiviste et reporter financier.

. . . . ces mots peuvent vous paraître risibles ?... cette accumulation de métiers invraisemblable ?... Avoir dans le cerveau tout le Rythme qui chante et décharger des pierres, des briques, du charbon sur les rives de la Seine !... Rêver d'être Hugo et « faire des écritures » derrière un guichet de banque !! N'importe, c'était manger du moins... **Belval-Delahaye** traversa tout cela vaillamment la tête haute — et il évoque à présent cette période de sa vie, avec un orgueil superbe dans les yeux — avec aussi la voix tonnante d'un révolté qui clame son passé douloureux et ses origines modestes — ce qu'il appelle, lui, « **ses fiertés** » !

UN GUEUX DE LETTRES.

. . . .

(L'Information Théâtrale).
Liège.

⁂

ALFRED DROIN.

. . . .

Tous mes compliments, Monsieur, vos vers sont solidement construits. Grâce à vous, mon amour des musiques fortes et des rimes éclatantes a connu la grande joie que suscite le grand Art. Vos vers ne sont pas seulement beaux comme ceux de **Leconte de l'Isle** : ils sont en plus **vivants.**

Ce premier livre manifeste une très grande maîtrise et une science accomplie du rythme.

. . . .

(Correspondance).

⁂

HENRI DE NOUSSANNE.

. . . .

Mes remerciements pour vos vers énergiques et sains que je me fais un plaisir de signaler à **Charles** Foley. La pièce « **Terre natale** » est d'une âme d'artiste ; j'aime infiniment sa couleur, son émotion, sa tendresse. C'est une belle prière à la nature. Votre sympathie m'est précieuse et je vous offre ici la mienne.

. . . .

(Correspondance).

⁂

MANUEL DEVALDES.

. . . .

Pourquoi **M. Belval-Delahaye** a-t-il intitulé son premier recueil de vers « **La Chanson du Bronze** ». Certes, on y sonne souvant le tocsin, mais on y évoquent plus souvent encore l'acier que le bronze : cuirasses, heaumes que revêt, et boucliers, rapières, flamberges dont s'arme M. Belval-Delahaye, mousquetaire de la Poésie, sans cesse en guerre pour la cause de l'Art, du grand Art, qu'il a mission de venger d'innombrables et sanglants outrages.

(La Société Nouvelle).
Mons.

⁂

LES LOUPS

JOURNAL D'ACTION D'ART

Edmond HARAUCOURT

PÉRIODIQUE MENSUEL

3me Année. - Septembre 1911. - N° 22

10 Centimes le Numéro

Les Manuscrits insérés ou non ne sont pas rendus

Adresser tout ce qui concerne la Rédaction et l'Administration à

A. Belval-Delahaye

DIRECTEUR

14, Rue de La Tour-d'Auvergne, 14

PARIS (9me)

Les 10 premiers numéros parus : 3 francs

1 fr. 50 l'Abonnement aux 15 numéros suivants

Départements : 2 fr. - Étranger : 2 fr. 50

PAR BON DE POSTE

au DIRECTEUR

14, Rue de La Tour-d'Auvergne,

PARIS (9me)

Maison d'Éditions des LOUPS

14, Rue de la Tour-d'Auvergne

PARIS (9e)

EUGÈNE REY, LIBRAIRE

8, Boulevard des Italiens, Paris

DÉPOSITAIRE GÉNÉRAL

www.ingramcontent.com/pod-product-compliance
Ingram Content Group UK Ltd.
Pitfield, Milton Keynes, MK11 3LW, UK
UKHW021121220726
13924UKWH00004B/1850